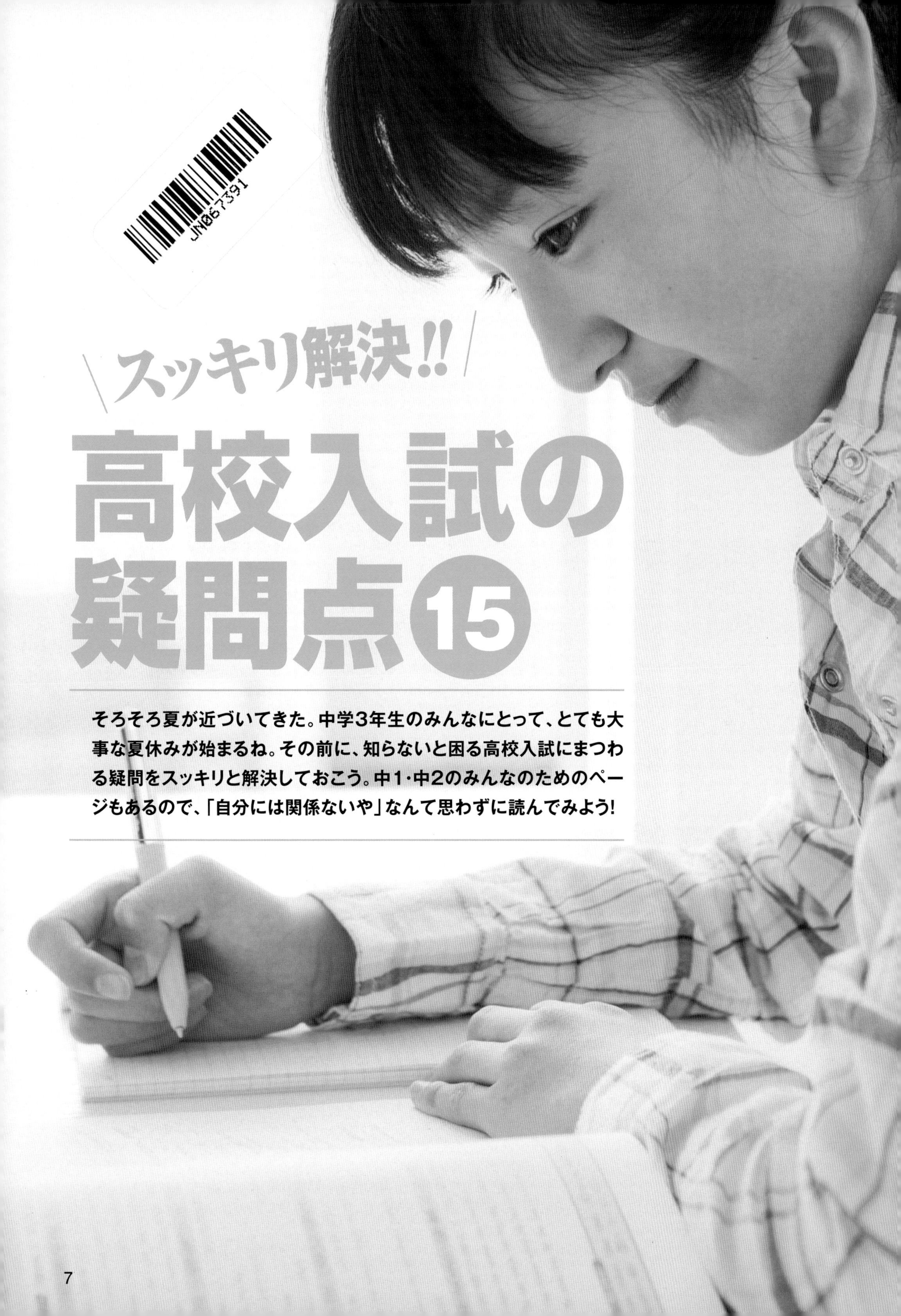

\スッキリ解決!!/

高校入試の疑問点15

そろそろ夏が近づいてきた。中学3年生のみんなにとって、とても大事な夏休みが始まるね。その前に、知らないと困る高校入試にまつわる疑問をスッキリと解決しておこう。中1・中2のみんなのためのページもあるので、「自分には関係ないや」なんて思わずに読んでみよう!

高校入試の基礎編

Q 志望校ってどうやって決めるの?

A 高校の種類や制度を確認して どんな高校に行きたいか考えてみましょう

志望校を決める要素は人それぞれです。ここでは、高等学校の種類と、志望校を決めるのに重要な項目をご紹介します。

まず、高校にはどんな種類のものがあるのかを確認しましょう。

私立高校・公立高校・国立高校

高校は私立高校、公立高校、国立高校の３つに分けられます。これは、私立高校は学校法人が、公立高校は都県や市が、国立高校は国が設立・運営していることを意味しています。

全日制・定時制・通信制

学校に通う時間帯を表しています。全日制は朝～夕方まで授業がある学校。定時制は夕方～夜間にかけて授業のある学校（昼間に授業を行う定時制もある）、通信制は毎日登校せず自宅での勉強をするシステムの学校です。

学年制・単位制

学年ごとに教育課程を修了していくことを学年制と言います。単位制高校は教科ごとに決められた単位を修得すれば卒業が認められる学校のことです。

普通科・専門学科・総合学科

普通教育を主とする普通科、農業や工業・看護・福祉・スポーツのほか英語、理数などさまざまな専門教育を主とする専門学科、幅広い選択科目のなかから自分で科目を選択する総合学科を持つ学校に分かれます。

進学校・大学附属校

進学校は、大学進学に力を入れ受験体制の整った学校です。附属校は、卒業後に系列の大学へ進学できる学校です。また、大学附属校であっても、系列の大学へは進まずほとんどの生徒が他大学へ進学する学校もあります。

男子校・女子校・共学校

女子・男子だけの女子校・男子校、男女がともに学ぶ共学校があります。

志望校選択に重要な要素

次に、志望校選択に重要となる代表的な要素をあげます。

［学力］　塾などで実施される模擬試験による偏差値を目安に自分の学力に合った学校を選択します。

［学校の教育方針］　私立学校を志望する場合、学校ごとに校風や教育方針が異なります。自分に合っているかどうかよく見極める必要があります。

［家庭の経済状況］　私立高校を志望する場合、公立高校よりも学費がかかります。家族のかたとよく相談しましょう。

［通学時間］　毎日通学することを考えて、通学に時間がかかりすぎないか、乗り換えにむりはないかなどを確認しましょう。

志望校選びは３年間を過ごす学校を決める大事な選択です。さまざまな点から学校を見つめ、じっくり時間をかけて選びましょう。

Q 高校入試っていつあるの?

A 例年１月中旬ごろ～3月上旬ごろです

高校入試の日程は各都県によって多少ずれますが、推薦入試も含め、例年**１月中旬ごろ～３月の上旬ごろ**に行われます。

公立高校の入試日程については、各都県の教育委員会によって決められ、発表されます。公立高校全日制の入試は、学校ごとに入試日が変わるということはなく、全員が同じ日に受検をします。

私立校は各都県の私立高等学校協会によって入試開始日が決められ、それに沿ってそれぞれの私立高校が入試日程を決めます。そのため、各校ごとに入試日や入試回数は異なります。私立高校を受験するかたは学校ごとに入試日程を確認する必要があります。

公立高校と私立高校を併願する生徒のために、各都県では公立高校と私立高校の入試は重ならないように日程が組まれています。

入試日に関しては例年あまり大きく時期がずれるということはありません。ただし、公立高校の入試制度の変更があった場合などは前年度と大きく変わることもあります。来年度入試では、神奈川公立高校で入試制度が変更になりますので、注意しましょう。

Q 私立・公立・国立ってどう違うの?

A 個性の出る私立・地域に根ざした公立・教育実験校の国立

私立高校、公立高校、国立高校それぞれの特徴についてまとめました。

私立高校

私立高校は、それぞれの学校で建学の精神や教育方針を掲げていますので、各校の個性が出やすく、多くの学校のなかから自分に合った学校を選べるところに特徴があります。伸びのびとした校風の学校、しつけ教育に定評のある学校、キリスト教や仏教の学校、英語教育に力を入れている学校、行事や部活動が盛んな学校などさまざまです。

カリキュラムについても、目標大学別にコース制を設けている学校や、独自の教育システムを実施する学校などが多く見られます。

また、各校で差はありますが、公立や国立の高校とくらべて私立高校の学費は高くなっています。

公立高校

公立高校は、都県や市が運営しています。原則として、その都県在住者にのみ受験資格があります。住んでいる地域によって受験できる学校が異なる場合がありますので、公立高校志望者ははじめによく確認しておきましょう。

私立高校ほどではありませんが、公立高校も各校で校風が異なりますので、学校見学などは積極的に参加しましょう。

また、学費（授業料は高校無償化制度により無料）が私立高校と比べてかなり安いことも公立高校の特徴です。

国立高校

国立高校は、国立大学の附属高校として、教育研究の実験校という意味合いを持っています。教育内容や雰囲気は公立高校に近いものがあります。学費も公立高校と同じくらいで、私立高校よりは安くなっています。

校名に附属校とあっても、併設大学進学への特典はとくになく、外部の生徒と同じように大学の一般入試を受ける必要があります。

Q 男子校・女子校と共学校、どっちがいいの?

A 男女別と共学、それぞれの意義をふまえて選びましょう

男子校・女子校にするか、それとも共学校に行くかで悩む人は多いと思います。それぞれのよさをまとめてみましょう。

男子校・女子校

高校3年間という多感な時期を、同性だけで過ごすことに教育的意義を見出している学校です。

異性の目を気にすることなく自分らしさを出すことができる、落ち着いて勉強に取り組むことができるという利点があげられます。女子校のなかには礼法の授業が必修で設けられている学校もありますので、作法・礼法やしつけ教育を重視している人にはぴったりです。異性のいない環境に身を置くことで、ものごとに対する積極性も培われます。

共学校

男女関係なく切磋琢磨できる環境が共学校の魅力です。それぞれの違いを認めあい、優れた部分を吸収し学ぶことができます。

どちらにも長所

多くの人は「同性ばかりの学校では視野が狭くなってしまうのではないか」「高校を卒業して社会に出たときに、女子校・男子校出身では戸惑ってうまくなじめないのではないか」というような心配があると思います。

結論から言うと、どちらが優れているということはなく、男子校・女子校と共学ではそれぞれによさがあります。それぞれのよさを理解したうえで魅力があると感じるのであれば、上に紹介したような疑問はまったく問題ないと言えます。また、学校説明会などで実際に学校を訪れてみると学校の雰囲気がわかると思います。

Q 高校入試に必要なのは何教科？

A 公立は5教科、私立は3教科入試が主流です

高校受験の一般入試に必要な教科は、**公立校が５教科（英語・数学・国語・理科・社会）、私立校は３教科（国語・数学・英語）**が主流です。

公立高校は、都県ごとに統一入試問題による学科試験が行われます。東京都の進学指導重点校など一部の公立高校では学校独自の自校作成問題が出されています。

神奈川県でも自校作成問題により入試を行う学校がありましたが、来年度の2012年度からは廃止となり、すべての学校で統一問題による学科試験に変更になりました。また、神奈川では学科試験のほかに面接が導入されることとなりましたので、神奈川県の公立高校を志望する人は面接の練習も必要です。

私立高校の受験教科は英語・数学・国語の３教科が主流ですが、学校によっては公立高校のように３教科に理科・社会を加えた５教科入試を実施している私立高校もあります。私立高校はすべて学校独自の問題による入試となり、学校によって難易度や出題形式も異なりますので、受験する学校の過去問題に取り組むなど学校別に対策が必要となります。

また、国立高校も公立と同様、おもに５教科入試です。試験問題は高校が独自に作成したものになります。

私立、公立で入試に必要な教科数が異なりますので、公立高校を受検するかたは私立高校が第１志望だとしても理科と社会の勉強も怠らないようにしましょう。

Q 何校受験すればいいの？

A 併願パターンは人それぞれ…大体３校という人が多いです

高校は小学校・中学校のように義務教育ではないので、もし受験に失敗してしまったら高校へは進学できなくなってしまいます。

そのため、第１志望校のほかに別の学校を何校か受けるという場合がほとんどです。第１志望校以外に受験する学校を「併願校」と呼びます。

では、併願校も含めて何校受験すればいいのでしょうか。公立を第１志望、併願校として私立を受けるパターン、私立志望で公立は受けず学力レベルの異なる私立高校を何校か受験するパターン、私立が第１志望ですが、公立も受験するパターンなど、併願パターンは人それぞれです。ですから、一概に何校受験するのが一番よいとは言えませんが、大体３校受験するという人が多いようです。

心配だからといって５校、６校と何校も受けるのも大変です。精神的、身体的にも負担となりますし、費用もかかります。そう考えると３校くらいがちょうどいいでしょう。

まずは３校受験することを目安に併願パターンを考えてみてください。

併願校の選択は、第１志望校のように行きたいと思える学校を選ぶことが大切ですが、試験日や学力レベル、出題傾向なども ふまえて決める必要がありますので、「必ず１校は受かる」ように学校や塾の先生に相談してみることをオススメします。

高校受験ガイドブック2012 7

早稲田アカデミー提

Success15

夢が広がる高校選びの情報満載！

サクセス15

スッキリ解決!!
高校入試の疑問点15

熱いぜ！体育祭！

私立 INSIDE

2012年度東京私立高校入試結果〈その2〉

公立CLOSE UP

2012年度東京都立高校入試結果

完全提携

早稲田アカデミー

定価：本体800円+税

Success15 fifteen
7
サクセス15
July 2012
http://success.waseda-ac.net/

CONTENTS

パンフレット
お送りします!
●夏期講習会の詳細はお気軽にお問い合わせください。
新CM放映中!
CMソングは
Fairiesの新曲です。
(フェアリーズ)
突き抜ける未来へ!
時代は
一流中学
高校受験
早稲田アカデミー

一流中学
高校受験

験なら早稲田アカデミー

合格者数全国No.1　**必勝5科コース担当者による特別授業も実施**

中3男子　開成実戦オープン模試

兼 必勝5科コース（男子）選抜試験

7/16 祝

【試験時間】8:30～13:50
（昼食12:30～13:10）
（国・数・英・理・社 5科）
【特別授業】14:00～15:30

【会　　場】ExiV西日暮里校・ExiV渋谷校・国立校・ExiV御茶ノ水校
【料　　金】4,500円
【お申し込み】お近くの早稲田アカデミー各校舎にお電話にてお申し込みください。
【入　　室】開成実戦オープン模試で一定の規準を越えると、必勝5科コース（日曜実施）・土曜集中特訓に参加することができます。特に成績が優秀な方は、特待生に認定し、授業料が全額または半額免除となります。
【特　　典】必勝Vコースにお通いでない一般生の方には必勝Vテキスト7月号プレゼント

開成入試にそっくりな予想問題!!
出題傾向はもちろん、問題用紙・解答用紙まで本物そっくり。

特別授業で、万全のフォローアップ!!
必勝5科コース担当者が授業を行い、徹底的にフォローします。

開成志望者が多数集うハイレベルな受験層!!
本番で戦うライバル達との前哨戦。合格へ向けこれからすべきことが明白に。

自分の弱点がひと目で分かる成績帳票!!
どの問題が合否に直結するのか、捨てても良いのか、ひと目で分かる帳票です。

合格者数全国No.1　**何をどう書けば得点になるのか、完璧な記述対策授業実施**

中3女子　慶應女子実戦オープン模試

兼 必勝3科コース（女子）選抜試験

7/16 祝

【試験時間】9:00～12:30
（国・英・数　3科）
【特別授業】13:10～15:30
※特別授業にご参加の方は、昼食をご用意ください。

【会　　場】ExiV渋谷校・ExiV西日暮里校
【料　　金】4,500円
【お申し込み】お近くの早稲田アカデミー各校舎にお電話にてお申し込みください。
【入　　室】慶應女子実戦オープン模試で一定の規準を越えると、必勝3科コース　（日曜実施）・土曜集中特訓に参加することができます。特に成績が優秀な方は、特待生に認定し、授業料が全額または半額免除となります。
【特　　典】必勝Vコースにお通いでない一般生の方には必勝Vテキスト7月号プレゼント

慶女入試にそっくりな予想問題!!
出題傾向はもちろん、問題用紙・解答用紙まで本物そっくり。

特別授業で、万全のフォローアップ!!
必勝3科コース担当者が授業を行い、徹底的にフォローします。

慶女志望者が多数集うハイレベルな受験層!!
本番で戦うライバル達との前哨戦。合格へ向けこれからすべきことが明白に。

自分の弱点がひと目で分かる成績帳票!!
どの問題が合否に直結するのか、捨てても良いのか、ひと目で分かる帳票です。

基礎力診断！腕試し！

中3　首都圏オープン学力診断テスト　無料

6/30 土

今の自分の力はどれくらい？　基礎学力が身についているか心配。そんなみなさんに早稲田アカが贈る基礎力診断テストでしっかり基礎力を判定します。試験後には帳票をもとにカウンセリングを行ない、今後の学習につなげます。これから受験勉強を始める方も力試しにぜひ受験してください。

[３科]13:30～16:05 [５科]13:30～17:10
[会場]早稲田アカデミー各校舎（WAC·S18を除く）

開成・国立附属・早慶附属を目指す中2・中3対象

中2 中3　難関チャレンジ公開模試

7/1 日

開成・国立附属・早慶附属をはじめとする難関校志望者のために、現時点でのスタンダードな応用力を判定します。テスト後には詳しい成績帳票を発行し、今後の学習につなげていくようにします。また一定の成績をあげた人には、特訓クラスへの編入資格が与えられます。

[3科]8:30～11:30　[5科]8:30～12:45 3科・5科選択
（英数国各45分・理社各25分）
[料金]4,000円　[会場]早稲田アカデミー28校舎

詳細はお問い合わせください

5年連続全国No.1　開成高 88名合格！

東大合格者数最多　定員100名

4年連続全国No.1　慶女高 78名合格！

女子私立最難関　定員100名

全国No.1 青山学院 85名	全国No.1 成　蹊 31名	全国No.1 明大明治 118名	全国No.1 豊島岡女子 87名
全国No.1 立教新座 337名	全国No.1 中大杉並 182名	全国No.1 中央大学 54名	全国No.1 渋谷幕張 109名
全国No.1 ＩＣＵ 61名	全国No.1 中大附属 157名		

※No.1表記は2012年2月・3月当社調べ

お申し込み、お問い合わせは最寄りの早稲田アカデミー各校舎または本部教務部 03（5954）1731 まで。

早稲田アカデミー　検索

東大への近道

自分がいまどこにいるのか つねに確認する作業をしよう

こんにちは。前期（1学期）も折り返し地点を過ぎましたが、勉強計画は順調に進んでいますか。すべてを完璧にすることは難しいと思いますが、いまはできる限り全教科バランスよく学習を進めて、苦手科目を作らないことが大切です。

これから夏を迎えるみなさんにとって、このバランス感覚を養うことこそが秋冬の成長に直結するのです。

そこで今回は「脱・木を見て森を見ず」をキーワードとして、Ｔｏｍｍｙ流バランス勉強法をお話ししたいと思います。

そもそも、なぜいまの時期にバランスが大切になるのか、答えは日本の入試制度にあります。高校受験であれ大学受験であれ、日本の受験は基本的に総合力で評価されます。内申で言えば、1教科が5で残りすべて3の人よりも、オール4をとれる人の方が高く評価されがちです。

この場合、得意科目を磨くよりも、苦手をなくしてオールラウンダーになることが求められるのです。そしてきっとみなさんは1教科を追求するよりも全教科バランスよく得点する方が簡単だと気づくはずです。

もう1つ大事なことは、もしいまの時点で教科ごとに得意・不得意がはっきりしてしまった場合、秋冬にはその差が広がっていってしまいます。新学年が始まって序盤のいまこそ、バランス感覚を養う絶好のチャンスなのです。

では、バランス勉強法の具体策として3つの方法をあげます。

1つ目は、最も得点が低い教科に毎日15分の時間を作ることです。いまの生活を振り返って、どんな人でも必ず15分は作れると思います。ちょっとした空き時間、だらける時間を節約できるうえに、長時間勉強しにくい苦手科目を、毎日少しずつ勉強できるメリットがあります。カレンダーや手帳に、15分達成できたかを○×で書き込むと習慣化できます。

2つ目は、各教科に対する自信を「%」で記録することです。なんとなく勉強していると、ついつい苦手科目から遠ざかり、いつの間に取り返せないほど勉強が遅れてしまいます。そこで、「いまテストをしたらこの教科は何点くらいとれるだろう」という点数を「%」で書いてみるのです。このように普段見えていない数値を表すことを「見える化」といいます。書き出してみると意外な落とし穴を事前に埋められるでしょう。

3つ目の方法は、毎日寝る前に今日勉強した内容をノートに記録することです。いくらバランスのいい計画を立てていても、実行できるかどうかはわかりません。勉強を記録することで反省するとともに、よくやったと自分を褒めてあげましょう。

これら3つに共通するポイントは、つねに木（一部分）ではなく森（全体）を見ている点です。自分の得意科目の一部を勉強しただけで、漠然と「勉強を頑張った」と感じてしまうことがバランスを崩す始まりです。広い森のなかで自分がどこにいるのか、つねに世界地図で確認する作業をしましょう。

私事ですが、最近大学周辺で美味しいランチを食べ過ぎてしまい太り気味です。今日から食事・運動・生活リズムなどを通じてバランスダイエットをしていこうと記事を書きながら密かに決意しました。あっ、でも今夜は焼き肉だからやっぱり明日から…。

Q 志望校はいつまでに決めるの？

A 第１志望校は早めに！ 併願校は遅くても冬休み前までに

まず、中３の受験までの大体の流れを確認しておきましょう。

１学期

３年生は夏休みまでで部活動を引退する場合がほとんどだと思います。ですから、１学期は部活動と両立しながら受験勉強を始めます。

夏休み

部活動も終わり、受験勉強に取り組む環境が整ってきます。塾の夏期講習に参加して本格的に受験勉強を始めます。

２学期

高校の学校説明会やオープンキャンパスが多く実施される時期ですので、受験勉強を進めながらそれらに参加しましょう。また、10～11月ごろからは志望校の過去問題にも取り組み始める時期です。

冬休み

塾の冬期講習に参加し、実践的な力をつけていく時期です。この時期には模擬試験の判定なども考慮し受験する学校を具体的に決めましょう。年明けには出願となるので、冬休みの間に出願準備をしておくことがおすすめです。

３学期

受験直前！ １月には出願が始まります。１月中旬～３月上旬に本番を迎えます。

こうしたスケジュールをふまえ、単純に出願までに志望校を決めると考えると冬休み前までにははっきりとさせておく必要があります。

しかし、学校見学などの行事に参加すること、過去問題に取り組む時期を考慮すると、夏ごろにはある程度、第１志望の学校の候補をあげておき、10月ごろには第１志望校はもちろん、併願する学校も決めておきたいものです。

とくに第１志望校は早めに決めておく方がいいでしょう。目標が定まるとそれに向けて努力もしやすくなるからです。

Q 志望校は見に行った方がいい？

A 一度は必ず見に行きましょう！

志望する学校が大体絞れたら、次は実際に学校を見に行ってみましょう。これから３年間の高校生活を送ることになるかもしれない学校を決める大事な選択です。学校を訪れて校風や雰囲気が自分に合っているかどうかを確認します。第１志望校はもちろん、併願する高校も一度は必ず見に行きましょう。

学校見学のメリット

★学校の雰囲気や校風が自分と合っているかを実際に感じることができます。校舎や施設、先生がたや生徒の様子もわかります。第１志望校の候補が複数あって迷っている人は、実際見に行って比較してみるといいでしょう。

★自宅から学校までの通学ルートを確認できます。通学にかかる時間、乗り換えや混雑具合、通学路の環境などがわかります。

★受験勉強のモチベーションアップにつながります。憧れの志望校を実際に見ることで、「絶対この高校に行きたい！」という思いが強くなり、勉強もやる気が出ます！

学校を見に行くには

学校ごとに開催される「学校説明会」や「学校見学会」に参加しましょう。実施回数や時間も学校によって違います。ＨＰや学校案内に日程が載っていますので、それぞれ確認してください。また、事前に予約が必要な場合もあるので、注意点などはよく確認します。

そのほか、体育祭や文化祭などの学校行事を見に行くこともできます。楽しんで学校見学ができますので、受験勉強の気分転換にもなるかもしれません。

そのほかにも受験生の参加行事やイベントはたくさんありますので、志望校の情報はこまめにチェックしてください。

入試形式編

Q 推薦入試って普通の入試とどう違うの？

A 公立と私立、また各都県によってさまざまな違いがあるのですが、おおまかに言うと、「推薦入試」とは、基本的に学力試験（筆記試験）がなく、調査書や面接によって合否が決まる入試のことです

東京・神奈川・千葉・埼玉の４都県の公立高校において、来年度に推薦入試が行われるのは東京だけです。

東京都立高校の推薦入試では学力検査は行われません。時期は一般入試より早い１月に実施されます。「一般推薦」と「文化・スポーツ等特別推薦」の２種類があり、調査書、面接、そして各都立高校独自の検査によって合否が決定されます。独自の検査には小論文・作文・実技・プレゼンテーションなどで、実施しない学校もあります。また、面接資料として自己PRカードの記入も必要です。

これまで推薦入試を行っていた**神奈川県立高校**は、来春から入試制度が変更されます。これまでは前期選抜と後期選抜があり、前期選抜がいわゆる推薦入試にあたりましたが、この２つが１回になり、選抜方法も一本化されました。そのため、神奈川県立高校では推薦入試は実質的になくなったと言えます。

次に**私立高校**ですが、**東京都**では推薦入試は１月下旬に実施されます。そして出願方法ですが、通常は中学校の先生と高校の先生との間で「事前相談」が12月の中旬に行われ、その後出願となります。

事前相談では高校ごとに「推薦基準」が示され、おもに「内申」を基準数値として、話し合いが行われます。この推薦基準を上回っていればほぼ合格という学校もあれば、あくまで出願の最低ラインという学校（おもに難関校）もあり、学校により異なります。また、推薦入試でありながら、学力試験に近い「適性検査」を実施する学校もあります。

神奈川県の私立高校の推薦入試は、単願の推薦Ⅰと、公立前期試験との併願のみ可能な推薦Ⅱがあり、どちらも学力試験は課されません。東京と同様に事前相談が必要で、最終的な選抜の基準は面接や調査書、作文になります。

千葉県の私立高校の場合は、東京とはかなり異なり、推薦には「学校推薦」と「自己推薦」の２つがあります。学校推薦は中学校長の推薦書が必要な推薦のことで、調査書と面接、作文で合否が決まります。

注意が必要なのは自己推薦で、これは学校長の推薦書は必要ありませんが、一般入試同様に学力試験が課されます。また、最近では学校推薦でも学力試験を導入している学校も増えてきていますので、自分の志望する学校の制度をしっかりと調べておく必要があります。ともに１月中旬の前期選抜で実施されます。

埼玉県の私立高校の推薦入試には学校推薦と自己推薦（保護者推薦も）があり、さらに「単願（専願という学校も）推薦」と「併願推薦」というシステムがあるのが特徴です。単願推薦は合格した場合は原則としてその学校に入学しなければならないというものです。併願推薦はその学校を第２、第３志望で受験するというもので、学力試験が行われる学校も多くあります。

また、埼玉も事前相談をする必要がありますが、ほかの都県とは違い、「個別相談」と呼ばれ、受験生本人や保護者が私立高校の先生との相談をしなければなりません。

Q 推薦入試に受験勉強は必要？

A 受験する学校によります

12ページで説明した通り、**推薦入試には学校ごとにさまざまな形式**があります。

ですから自分が受験する学校の試験形式に合わせて、勉強が必要かどうか、そして、必要な場合にはどんな勉強をしなければいけないかを考えなければなりません。

私立高校では、学校によって事前相談や書類選考で合格が確約となるところもあります。

しかし、それ以外の学校に関しては、なんらかの勉強が必要になります。

まず、学力試験がある学校では、当然ながら、過去問題を中心に勉強をしておく必要があります。作文や小論文が課されている場合も、それに対応した勉強をしておきましょう。

また、面接のみの学校でも、なにも準備せずに臨んではうまくいかないでしょう。なぜその学校を受験するのか、入学したらどんなことがしたいのかといったことを事前にしっかりと考えておく必要があります。

Q 公立高校の入試方式ってどうなっているの？

A 各都県によって違いがあります

公立高校の入試方式は、東京・神奈川・千葉・埼玉の各都県で違いがあるので注意が必要です。

まず**東京都立高校**は、「推薦」、「一般」、「二次・分割後期」と3つの試験機会があります。推薦は1月27日（実技検査などを28日に行う学校もあります）に行われ、一般は2月23日に学力検査（23日以降に実技検査、面接等を行う学校もあります）が実施されます。

この学力検査は、全校共通問題のみの学校と、共通問題と合わせて学校独自問題を課す学校（進学指導重点校など）の2つに分かれます。そして、二次・分割後期は3月9日に学力検査が行われるという形です。

神奈川県は来春から入試制度が変更され、2回あった試験が1回になりました。さらに半数以上の学力向上進学重点校で実施されていた学校独自問題がなくなり、すべての高校で学力検査と面接が行われることになりました。

千葉県の公立高校入試は、「前期選抜」と「後期選抜」の2回に分かれ、前期選抜が2月15・16日の2日間で、後期選抜が3月2日の1日で実施されます。

前期選抜は2日間にわたって行われ、1日目が全校共通の5教科での学力検査、2日目が各校の特色に合わせたさまざまな検査となります。検査方法は面接、集団討論、作文、学校独自問題などです。そして後期選抜は5教科の学力検査を行います。この学力検査の前期と後期の違いは、各教科の試験時間が前期は50分、後期は40分となっているところです。

埼玉県の公立高校入試は、今春から選抜機会が一本化され、3月2日に学力検査、5日に実技検査と面接を実施する形となりました。

中1・中2にも読んでほしい編

Q 塾には通った方がいいの？

A 通わずに合格した人がいないわけではありませんが、塾に通えば、より効果的に受験勉強に取り組むことができます

中学２年生にもなれば、周りで塾に通っている友だちはかなり増えてきているかもしれません。

塾に通わず、高校に合格した人がいないわけではありません。しかし、高校受験用の塾には、いわば「高校受験のプロ」の先生が集まっているので、塾に通えば、高校合格に向けて、**より効果的で力強いサポートを受けることができるのは間違いありません。**

そうはいっても、中学３年生になるまでは部活動や生徒会活動に一生懸命取り組んでいたりして、なかなか塾に通う時間を取れないという人も多いでしょう。

ですから、興味がある人は、まず１度体験してみることをオススメします。

塾にもさまざまな形があります。一般的にイメージされるような、たくさんの生徒がいて、「開成クラス」、「筑波大附属駒場クラス」など上位校を中心に、その学校専門のクラスを持つような塾もあれば、個別指導で、生徒それぞれに合わせた指導を受けられる塾もあります。いくつかの塾に足を運んでみて、いまの自分の状況に合うところを選んでみてはどうでしょうか。

Q 学校の定期試験では点数が取れるのに、模擬試験や塾の試験では点が取れないのはなぜ？

A 勉強スタイルの改善が必要かもしれません

学校の定期試験に比べて、広い範囲で出題される模擬試験などで思ったような点数が取れない人は、**普段の勉強スタイルを改善する必要があるかもしれません。**

学校の定期試験のために、一夜漬けや試験の前だけ詰め込んで勉強するということをしていませんか。そうすると、狭い範囲の知識をそのときに詰め込むだけになってしまい、結局定着しないので、学力として積み重なっていきません。

これでは、中学校で学んだことが横断的に問われる形式の試験になると対応できなくなります。

思い当たる人は、いまから勉強のスタイルを変えていきましょう。定期試験前だけ勉強するのではなく、毎日少しずつでも予習・復習を行っていくところから始めてみましょう。

また、これとは反対に、模擬試験や塾の試験ではまずまずの点数が取れるのに、学校の定期試験の点数があまり取れないという人がいます。

一般的には学校の定期試験よりも模擬試験や塾の試験の方が難易度は高いことが多いので、そこでそれなりに点数が取れるということは、実力はあるはずです。

そういった人は、例えば、塾では学校よりも進度が早いために、普段の学校の授業をおろそかにしてしまっていませんか。

定期試験は、前回の試験から今回の試験までと、決められた範囲のなかでの知識の確認が求められます。

普段の授業をおろそかにせず、予習・復習を丁寧に行ってみることをオススメします。

Q 過去問っていつから解き始めればいいの？

A 夏休みから解き始めても早くはありません

「過去問題」（過去問）が、次の年の同じ高校（もしくは都県共通問題）の入試問題として出題されることはまずありません。それでも過去問演習は志望校合格には欠かせません。なぜでしょうか。

それは、**入試問題には各高校ごとに出題や配点の傾向で違いがある**からです。

過去問を解くことで、出題形式、内容、時間配分など、志望校それぞれの傾向を知っておけば、自分の弱点、強化しなければいけない部分を把握しやすくなり、合格へと近づきます。

さて、過去問演習に取り組むタイミングですが、1校の過去問にまるまる挑むには、まとまった時間と集中力が必要となります。ですので、夏休みの終わりごろから解き始めても早すぎるということはありません。遅くとも11月までには始めましょう。

志望校がまだ全然決まっていないという人は別ですが、ある程度決まっている人や、公立高校を受検しようと考えている人は、その高校や公立の共通問題に取り組んでみましょう。この時点では歯が立たない人も多いと思いますが、それは当然なので焦る必要はありません。

むしろ、過去問演習をすることで出てきた課題を、夏休みを利用して効果的に消化することができます。

また、最終的に過去問を何年ぶん解けばいいのかということも気になるところでしょう。1年ぶんだけ解いてみても、出題傾向をつかむことはできないので、第1志望の学校は最低でも5年ぶん。第2・第3志望の学校でも3年ぶんは解いておきたいところです。

最後に、過去問演習の際に注意したいのは、「なんとなく」で取り組まないようにすることです。時間配分や採点はきっちりと行い、その後の見直しや復習までをワンセットとして、集中して臨みましょう。

Q 部活動は長く続けない方がいいの？

A 引退まで続けても大丈夫です

現在中学1・2年生のみなさんは、運動部、文化部を問わず、部活動に打ち込んでいる人が多くいることでしょう。

熱心な部活動の場合は、毎日のように練習や試合があり、そうなると毎日の勉強時間を確保するのも簡単ではありません。そのため、今後の受験勉強との両立を考えたときに不安になる人もいるでしょう。

しかし、心配し過ぎる必要はありません。

引退まで目一杯部活動を頑張って、そこから志望校に見事合格する人はたくさんいます。もちろん、それまでまったく勉強をしないというのはよくありませんが、むしろ、夏休みなどは、部活動があることによって、勉強とのメリハリがつけやすいということもあります。

また、よくみられるのが、部活動でキャプテンを務めたり、最後まで打ち込んだ人が、引退したあとは、部活動で培った集中力や気持ちを受験勉強に向け、志望校合格を勝ち取るというパターンです。

ですから、**いま部活動に一生懸命打ち込んでいる人は、引退まで続けたからといって、志望校に合格できないということはありません。**

Wayo Konodai Girls' High School

あたりまえのことを、あたりまえに。

明るい挨拶が響きあう。身なりや教室を清潔に整える。
学園祭や体育祭に、心躍らせる。真剣なまなざしで学びあう。
そんなあたりまえの学校生活が、ここにあります。

■教育方針

和魂洋才・明朗和順の建学の精神に基づき、日本女性としての誇りを胸に、世界に翔たいていける女性の育成につとめています。

■特色

女子に適した指導方法で、特に理系に進学する生徒が増加し、24年度大学合格実績では、薬学部合格者数が、30に達しました。

■普通科

《特進コース》
国公立大学および
難関私立大学合格をめざす。

《進学コース》
現役で有名大学合格をめざす。

■ファッションテクニクス科

ファッション界の
スペシャリストをめざす。

《併設》和洋女子大学・同大学院

Information

●オープンスクール(要予約)
8月4日(土)・8月8日(水)

●学校説明会(予約不要)
8月25日(土)・10月6日(土)
11月17日(土)・12月8日(土)

●学園祭
9月15日(土)16日(日)

●体育大会
9月30日(日)

●学校見学(要電話予約)
月〜土　※詳しくはお問い合わせください。

和洋国府台女子高等学校

創立明治30年

〒272-8533　千葉県市川市国府台2-3-1
TEL047-371-1120(代)　FAX047-371-1128
ホームページ　**http://www.wayokonodai.ed.jp/**
■JR市川駅よりバス8分■JR松戸駅よりバス20分
■京成国府台駅より徒歩10分■北総矢切駅よりバス7分

熱いぜ！体育祭！

学校生活は勉強だけではなく、さまざまな学校行事も楽しみの1つです。高校の体育祭ってどんなものか想像したことがありますか？　走ったり身体を動かすことだけが体育祭と思っていませんか？　じつはそれだけじゃないのが高校の体育祭です。迫力ある応援合戦や学校独自の伝統競技など学校によって個性があふれています。行きたい学校の体育祭を調べてみるのもいいでしょう。

東京都立小山台高等学校

東邦大学付属東邦高等学校

神奈川県立湘南高等学校

お茶の水女子大学附属高等学校

東邦大学付属東邦高等学校

日　時　平成24年6月8日
場　所　学校グラウンド
公　開　一般公開あり
色分け　紅・白

熱く燃えあがる１日

体育祭実行委員長 高校3年　田口《たぐち》 翔一朗《しょういちろう》さん

プログラム

1　大玉おくり
2　玉入れ
3　障害物競走
4　タイヤ引き（女子）
5　旗とり（男子）
6　クラス対抗リレー
昼休み
7　応援合戦
8　綱引き
9　部活対抗リレー
10　騎馬戦（女・男）
11　色別対抗リレー

東邦大学附属東邦高等学校（以下、東邦大東邦）の体育祭は男女ともに騎馬戦があるのが特徴です。少し前までは、女子は危険ということで禁止されいましたが、アンケートで女子も騎馬戦がやりたいとの意見が多くあり、正式に採用されました。それもあって女子はパワフルな生徒が多いようです。

昼休みのあとは紅白に分かれて応援合戦が行われます。13分の決められた時間のなかで応援団が中心になりダンスなどを披露します。ダンスは体育祭の１カ月くらい前から学校の中庭などを使い、みんなで練習をしています。

体育祭の一番の目玉は、やはり最終種目の色別対抗リレーです。第１走者は先生が参加して走り、そのあとに女子、男子という順番で走り、全部で13走者が走ります。このリレーは紅・２チーム、白・２チームに分かれ、４チームで競いあいます。体育祭の最後を飾る種目で、得点が高く、勝敗が左右されるため、生徒みんなが１つになり自分のチームを応援します。

体育祭は生徒たちが１つになって、熱く燃える行事です。

東京都立小山台高等学校

日　時　平成24年9月12日
場　所　学校グラウンド
公　開　一般公開あり
色分け　赤・青・黄・白

寒《かん》菊《ぎく》祭《さい》

厳かな雰囲気で伝統ある“運動会”

前運動会実行委員長 高校3年　小池《こいけ》 祐稀《ゆうき》さん　庶務 谷口《たにぐち》 春香《はるか》さん　書記 渡辺《わたなべ》 早絵《さえ》さん

小山台高校では「体育祭」とは呼ばず「運動会」と呼びます。それは「運動会」は決して「お祭り」ではないからです。毎年９月10日ごろに行われ、夏休み明けから始まる練習は厳粛な雰囲気で行われます。各団の団長団はこの時期、笑ってはいけないというきまりがあるほどです。

赤・青・黄・白の４団に分かれますが、クラスで分けるのではなく、全校生徒が４色のくじを引いて、所属する団が決まります。

さまざまな競技がありますが、すべての競技に伝統があり、毎年ほぼ同じプログラムで行われます。どの競技も真剣に取り組まなければケガをするので、練習から本番さながらの気合が入っています。

運動会のプログラムのなかで最も盛りあがるのが応援戦です。団長団を中心に、全員が力を合わせて応援します。各団の応援方法や応援歌も決まっていて、夏休みに、卒業した団長団の先輩が学校に来て、引き継ぎが行われます。

伝統の重みを感じながら全校生徒がひとつになる運動会は、小山台の一大イベントのひとつで、この運動会に向けた短期間での入念な準備と練習は、受験に必要な集中力と気力を高めるのに役立っています。また、先輩方は、卒業後何年経っても運動会の話題で大いに盛りあがるそうです。

プログラム

1　女子団対抗リレー
2　男子団対抗リレー
3　障害物競走
4　小山台ボール
5　混合リレー
6　フットボール
7　師弟リレー
8　大ムカデ
9　チャレンジ∞
10　騎馬戦
11　400mリレー
昼食・休憩
12　応援戦
13　綱引き
14　増脚リレー
15　スウェーデンリレー
16　ウルトラB
17　オットドッコイ
18　縄跳びリレー
19　棒倒し
20　東海道五十三次
21　バーゲンセール
22　800mリレー

神奈川県立湘南高等学校

日　時　平成24年9月16日
場　所　学校グラウンド
公　開　一般公開あり
色分け　白・黄・紫・橙・緑・茶・灰・黒

1 年かけて作りあげる体育祭

プログラム

1　全体体操
2　スウェーデンリレー
3　大縄跳び
4　三本綱引き
5　W障害走
6　ムカデリレー
7　騎馬戦
　　昼休み
8　仮装演技
9　タイヤ取り
10　混合リレー

湘南高等学校（以下、湘南）最大の行事である体育祭は毎年９月に行われます。１～３年生が縦割りクラスで８色に分かれて競いあいます。

湘南ではこの体育祭を中心に他の行事が行われていると言っても過言ではありません。体育祭の終了時から次年度の体育祭の準備が始まります。湘南の体育祭ではバックボードの作成や仮装演技などさまざまな準備が必要です。各カラーで衣装や大道具などのパートに分かれて制作・進行していき、それらが違う行事のときにも使われたりし、本番の体育祭で集大成を迎えます。

最も特徴的なのが、仮装演技です。大掛かりな大道具と、色とりどりの鮮やかな仮装で約10分間のストーリー性のあるダンスパフォーマンスが行われます。これらの踊りや音楽まですべてを生徒だけで作りあげるのです。その完成度は極めて高く、保護者や卒業生など5000人以上もの来訪者があるほどです。

この体育祭で頑張れた経験が、受験にも好影響を与え、湘南の高い進学実績にもつながっているのです。

お茶の水女子大学附属高等学校

日　時　平成24年5月26日
場　所　学校グラウンド
公　開　非公開
色分け　青・黄・赤

輝《き》鏡《きょう》祭《さい》

1人ひとりの生徒が輝く日

体育祭実行委員　委員長 高校2年　玉城《たまき》 世梨奈《せりな》さん
用具係長 高校2年　柴田《しばた》 桃夏《ももか》さん

プログラム

1　大玉送り
2　1年学年競技：走つ茶
3　ムカデ競争
4　闇飲みズームインDX★
5　ジャンピング・トライアル
6　しっぽ取り
7　2年学年種目：馬跳びリレー
8　棒とび棒くぐり
9　綱引き
　　昼休み＆応援
10　先生とスプーンリレー
11　3年学年種目：4人5脚
12　竹取物語
13　絆リボン
14　玉入れ
15　団対抗選抜リレー

お茶の水女子大学附属高等学校（以下、お茶高）は、走ったりする競技は少なく、だれでも参加できる競技があるのが特徴です。競技の名前も変わっています。その１つが４種目目にある「闇飲みズームインＤＸ★」です。この競技は障害物競走の最後に、飲み物を飲みほしてゴールになります。この飲み物には酢などがあり、ギブアップをしてしまうと最下位になってしまいます。

応援も点数になっていて蘭、菊、梅の各団のダン長（ダンスの長）が中心になって応援のダンスを踊ります。このダンスを完成させるため、日々練習を重ねることで学年を越えて仲良くなります。

体育祭で一番盛りあがるのは、最後にある団対抗選抜リレーです。各クラスの足の速い人が８人選ばれ競います。点数が高いためみんな一生懸命応援します。また、すべての競技に減点もあるので、最後の競技が終わるまでどこの団が優勝するのかわかりません。

生徒数が少ないため、必ず１人２つ以上の競技に参加します。女子だけで作りあげる体育祭は迫力があります。お茶高に入ったら輝いた３年間を過ごせるでしょう。

本質的な教育を追求し 知的で個性ある生徒を育てる

SCHOOL EXPRESS

開《かい》智《ち》高等学校

埼玉県　私立　共学校

青木《あおき》　徹《とおる》校長先生

来年に開校30周年を迎える開智高等学校高等部は、全国でも有数の大学合格実績の伸びを見せ、高い注目を浴びている埼玉を代表する私立高校です。その独自で質の高い教育をご紹介します。

School Data

所在地　埼玉県さいたま市岩槻区徳力西186	生徒数　男子1064名　女子598名	アクセス　東武野田線「東岩槻」徒歩15分
	TEL　048-794-4321	URL　http://www.kaichigakuen.ed.jp/koutoubu/

自ら考える力を鍛え「智を開く」

1983年（昭和58年）に埼玉第一高等学校として開校され、1999年（平成11年）に現在の校名へと改めた開智高等学校（以下、開智）。「開智」という言葉に込められた意味について、青木徹校長先生はこう説明されます。

「学ぶことによって、人間の能力、教養、人間性を高めていく。文字通り『智を開く』ということです。1995年（平成7年）に完成した開智ホール（大村智名誉学園長が命名）にちなみ、1997年（平成9年）に開校した開智中学校に合わせて、高校は開智高校に校名変更し、さらに高校からの入学生は高等部、中学からの入学生は中高一貫部と分けて別々に運営しています。」

開智は「国際社会に貢献できる、心豊かな、創造力・発信力を持ったリーダーを育てる」ことを教育目標に掲げています。

「開智のめざす社会貢献とは、生徒がそれぞれの専門的分野において活躍することです。そのために高校でしっかりとした基礎力を身につけ、さらに大学に進み、高度で専門的な勉強をしなければなりません。そうした大学に進むために、高校での3年間で十分な学力をつけることに力を入れています。また、社会貢献できる喜びを高校時代に味わってほしいので、それが体験できる『学びの場』をいろいろと用意しています。

人は学ぶことによって心が豊かになります。心豊かな人に育ってもらうために、開智では教養を身につける学びに力を入れています。また、高校3年間でいろいろな行事や活動、人との交流を通してさまざまな体験をすることで、人の気持ちがわかる優しく強い心を培います。そこで、学業だけではなく、行事や自主的な活動にも力を入れています。

『創造力・発信力』を育てるために創造、発信を授業や行事で取り入れています。開智では入学予定の生徒に、入学前から土曜日に授業を行っています。この授業では、自分で考えて発表する、生徒同士で意見や考えをまとめるという生徒の主体的な取り組みを中心に進めています。この取り組みは入学後の授業でももちろん継続して行います。

また、入学式では新入生1人ひとりが高校での抱負や未来の夢を参列者全員の前で誓います。入学直後に行う合宿でも、なぜ学ぶのか、生きるとはなにかなど『哲学的な学び』について深く考え発信する学びを取り入れています。

さらに、今年の1年生から、総合学習として『探求』を行っています。自分の好きな分野を取りあげ、疑問を見つけ、仮説を立てて検証し、文化祭で発表するというものです。このように生徒が主体的に創造力・発信力を身につける学びを随所に取り入れています。」（青木校長先生）

学力・個性・特性に合わせた類型制を今年度から導入

開智では、これまでのS類と特別選抜、A類という3つの類型を、今年度から、生徒それぞれの学力・個性・特性に合わせたS類とD類という2つの類型に再編しました。

S類は、これまで同様、難関国公立大や早慶合格をめざしたハイレベルの授業を行っています。

新しく導入されたD類も、3年間

体育祭

中高一貫部とは別で行われ、企画から運営まで高等部の生徒が行います。実行委員長を中心に、毎年新しい企画に挑戦しています。

でしっかりと学力を伸ばすという狙いはS類と変わりません。ただ、入学時に生徒間で学力の幅があることを考慮し、まずは丁寧に学力をつけていくことをめざすのがD類です。

「S類もD類も基本のカリキュラムなどは同じです。S類は中学の時点で伸びている生徒がやや速い進度で進んでいきます。また、丁寧にやることで最終的に伸びる生徒もいますから、そういった生徒は焦らずじっくりとD類で学んでもらいます。ですので、昨年までは類によって行事なども結構違いがありましたが、今年からはその違いは多少のものになりました。」（青木校長先生）

また、S類は2年次から文系・理系でクラスが分かれますが、D類は文・理で分けることはせず、3年になるまでは共通科目と選択科目で柔軟に対応していきます。これも、D類は焦って文理分けをするのではなく、学力がしっかりとついてきた3年の段階で最終的に判断すればいいという考えです。

この2つの類型のどちらに入るかは、生徒本人の希望と、入学時の成績、入学前の授業や小テストなどを加味して総合的に判断されます。

さまざまな工夫をこらした開智独自の教育メソッド

「論理エンジン」など独自の教育メソッドを多数取り入れ、生徒が希望する進路へとつながる学力を養成するのと同時に、「その後」を見据えた力を鍛えることにも力を入れている開智。国語科の授業で取り入れられている「論理エンジン」は、日本語の文章の特徴を「論理的に、意図的に」読み取る力を養うもので、受験学力だけにとどまらない「論理力・思考力」が身につきます。

「中学3年生対象の学校説明会での論理エンジンの模擬授業は、『国語の勉強の仕方がよくわかった』『これで国語ができるようになる』と中学3年生に好評です。」（青木校長先生）

こうした通常の授業で取り入れられているもの以外にも、放課後特別講座、夏・冬・春の長期休暇中講習、センター直前講習などが多数用意されています。放課後特別講座は無料で、3年生は毎日の放課後に午後4時から7時まで志望校別対策が行われています。

また、生徒自らが学ぶことを大切にしている開智では、自習ではない「独習」を非常に重視しています。この違いを青木校長先生はこう説明されます。

「自習というと、どちらかというと課題が与えられていて、それをやるというイメージが強いのではないで

文化祭

クラス、クラブ、有志などの単位でさまざまな企画、催しが行われます。模擬店1つとっても、ただ売るだけではなく、来店した人がなるほどと思えるような企画を用意するなど、開智らしさが随所に取り入れられています。

ロードハイク

これまでは20〜30kmをひたすら歩くものでしたが、昨年からは生徒の発案で、上野からスタートして東京都内を歩き、お台場でゴール。そのあとはそれぞれが気づいたことを大きな紙に書き付けていくという「創造・発信型」で行われました。

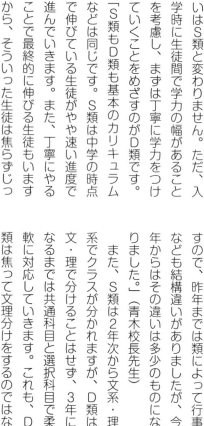

しょうか。そうではなくて、学習計画、そして将来のためになにをしなければならないかということまで含めて、自分1人で考えて学ぶのが独習です。」

しかし、ただ「独習をしよう」というだけではできない生徒もいます。そのために、入学してすぐのD類の1年生が参加するガイダンス合宿やS類のスプリングセミナー、夏の勉強合宿（学校外）を実施し、独習力をつけています。さらには2011年（平成23年）に完成したばかりの宿泊学習棟を利用した平日の勉強合宿も始まりました。

開智生に欠かせない 毎日の学校生活の充実

開智がめざす「国際社会に貢献できる、心豊かな、創造力・自己発信能力を持ったリーダー」の育成には、勉強だけにとどまらない、学校行事・部活動も含めた毎日の学校生活の充実が欠かせません。

文化祭・体育祭・ロードハイクなど、学校行事は基本的に生徒が企画し、実行します。部活動も、正式な部や同好会のほかに、大学のようなサークル活動も認められており、多くの生徒が参加しています。

「いろいろな生徒がいて、だからおもしろいのが開智です。さまざまなことで頑張り、それがほかの生徒に刺激を与えて、また別のことに興味を持つきっかけになります。また、『自分のやりたいのはこれだ』と徹底してやる生徒もいます。両方とも欲張りですよね。どちらの方向でもいいので、そういう欲張りな生徒さんにぜひ来ていただきたい。そうした生徒さんが自分を出せる場をしっかり用意していますし、サポートできる態勢も整っています」と青木校長先生。

充実した3年間を過ごし、志望大学へ現役で合格できる最適な環境が、開智高等学校にはあります。

さまざまな学び

入学前勉強会

ガイダンス合宿

S類学びあい

自習室

宿泊学習棟

入学前勉強会、授業での生徒同士の学びあいなど、さまざまな場面で独自の学びが取り入れられています。宿泊棟や、高等部専用で50席のブース型自習机があり、午後9時まで使える自習室など施設環境も充実しています。

平成24年度大学合格実績　（　）内は既卒

大学名	合格者(499名卒業)	高等部(275名卒業)	大学名	合格者(499名卒業)	高等部(275名卒業)
国公立大学			私立大学		
北大	3(0)	2(0)	早稲田大学	148(19)	42(7)
東北大	6(0)	4(0)	慶応義塾大学	65(5)	17(2)
福島県立医科大(医学部)	2(1)	1(0)	上智大学	61(5)	22(5)
筑波大	10(0)	3(0)	東京理科大学	153(25)	54(9)
千葉大	13(3)	5(1)	明治大学	153(17)	46(8)
埼玉大	27(1)	23(0)	立教大学	92(5)	45(3)
お茶の水女子大	3(0)	3(0)	法政大学	73(8)	51(8)
電気通信大	7(1)	2(0)	中央大学	57(4)	30(2)
東大	9(0)		青山学院大学	37(2)	14(1)
東京外語大	4(1)	3(1)	学習院大学	23(5)	14(4)
横浜国立大	10(0)	2(0)	計	862(96)	335(49)
京大	3(0)				
その他国公立大学	52(7)	28(3)	国公立大・医学部医学科	11(3)	1(0)
国公立大学合計	149(16)	76(5)	私立大・医学部医学科	31(6)	2(0)

郁文館《いくぶんかん》高等学校

東京都

文京区

共学校

School Data

所在地	東京都文京区向丘2-19-1
生徒数	男子754名、女子101名
TEL	03-3828-2206
アクセス	東京メトロ南北線「東大前」徒歩5分 都営三田線「白山」徒歩7分 東京メトロ千代田線「根津」徒歩9分 東京メトロ千代田線「千駄木」徒歩10分
URL	http://www.ikubunkan.ed.jp/

夢を持たせ、夢を追わせ、夢を叶えさせる

郁文館高等学校は1889年（明治22年）に私学の先覚者・棚橋一郎先生が、形式画一主義の官学に対して、「旺盛なる独立心の要求せされる近代社会にあって真に役立つ人間の育成」を建学の精神として創立されました。

男子校としての120年の歴史と伝統をふまえ、2010年（平成22年）に共学校として生まれ変わり、中学、高校にそれぞれ女子生徒が入学しました。そして今年から全学年共学となり男子・女子がお互いに切磋琢磨しながら、夢へと向かう環境が整いました。

進化した3つの「夢教育」

郁文館では独自の「夢教育」を通じて、夢を持ち、夢を追いかけるなかで、人間性を向上させています。その夢を叶えるためには「人間力の向上」「学力の向上」「グローバル力の向上」の3つが必要と考え、各学年を通して多彩なプログラムが組まれています。

1つ目の「人間力の向上」のための行事の1つとして、長野県にある学校施設にて10泊11日（中学1年生は5泊6日）の合宿を毎年行います。普段の生活から離れ、規則正しい生活を送ることで、人間力を育成しています。

2つ目の「学力の向上」のために、「一般クラス」「特進クラス」「東大クラス」にクラス分けされ、生徒1人ひとりの希望進路に合った進路指導が行われています。

そして今年、新たな柱として「グローバル力の向上」が3つ目に設けられました。これまでの海外留学やアジア圏各国への国際交流をより重視し、世界の文化や価値観を学びます。これにより、語学力も向上し「夢」への可能性が飛躍的に広がることで、将来の進学意欲にもつながります。

さまざまな角度から生徒の夢を実現

郁文館では、自分の夢を見つけられるように「夢達人ライヴ」を行っています。さまざまなジャンルで自分の夢を叶えた人たちを定期的に招いて、夢を叶えたプロセスや体験談などを話してもらいます。多くの「夢達人」からお話を聞くことで、生徒たちは夢を叶えるための進み方や夢を発見していきます。

このほかにもオリジナルの「夢手帳」があります。この手帳に夢を具体的に記入することで、夢に近づいていきます。

生徒の夢の実現のため、確かな教育プログラムが用意されている郁文館高等学校。これからもたくさんの「夢」が実現されていくことでしょう。

School Navi 138

多《た》摩《ま》大《だい》学《がく》目《め》黒《ぐろ》高等学校

東京都

目黒区

共学校

School Data

所在地　東京都目黒区下目黒4-10-24
生徒数　男子567名、女子309名
TEL　03-3714-2661
アクセス　JR線・東急目黒線・地下鉄南北線・都営三田線「目黒」徒歩12分
URL　http://www.tmh.ac.jp/

明日の自分が、今日より成長するために

自分の夢を見つけ育て高次元での文武両道を

目黒駅からほど近い交通至便な場所に位置する多摩大学目黒高等学校。1人ひとりの興味と学習意欲を引き出すために工夫された授業が行われ、生徒は勉強や部活に一生懸命で充実した学校生活を送っています。

勉強面では、個々の理解度に応じて「特進クラス」と「進学クラス」の2つのクラスが用意されています。

どちらのクラスとも1年次は徹底した土台作りのために全員が基礎基本を学びます。2年次以降は、それぞれのクラスで文理のコースに分かれ、1年生で築いた土台の上に、自分の進路に必要な学力を養成していきます。多様な大学入試に柔軟に対応できるよう、豊富な選択科目が用意されています。

「特進クラス」では高1の段階から標準的な入試問題に取り組むことができる学力を身につけていきます。高2からは首都圏国公立・難関私立大学の入試問題に特化した授業が行われ、より実践に即した力をつけることができます。

「進学クラス」は高1で教科書レベルの基本事項をしっかりと習得し、高2からMARCHレベルの入試問題に対応できるトレーニングを積み、現役合格をめざします。

また、受験の学力だけではない、世界に通用する本物の英語を身につけることも目標としています。専任のネイティブ教師により毎週英会話の授業が行われ、生きた英語に触れ、直接英語で話す機会が多く設けられています。より英語に触れたい生徒は、「英語部」に入部することで、専任講師の直接指導を受け、ハイレベルな学びで英語を身につけることができます。希望者は英語力を徹底的に磨くアメリカ語学研修にも行くことができ、約3週間、ホームステイをしながら語学学校に通うプログラムがあります。

こうした学業とともに重視しているのが部活動との両立です。なぜなら多摩大学目黒のモットーは文武両道だからです。クラブ活動は、自分が心から夢中になれる同じ目標に向かって仲間と頑張り・助け合うことができる場として、成長の大切な場だと考えられています。そのため兼部も可能で、多くの生徒が自分の可能性に向かってチャレンジしています。

多摩大学目黒の生徒たちは勉強だけに特化するのではなく、クラブ活動や学校行事などあらゆることに積極的に挑戦しています。そして、自分らしい将来の夢を描き、目標の実現に向けて努力し、夢の実現の第一歩として妥協のない大学進学を成しとげています。

共学校

神奈川県立湘南高等学校

「文武両道の全人教育による日本一の学校づくり」をめざす

「高い進学意欲を持つ生徒1人ひとりの希望進路を実現する」「将来社会のリーダーとして活躍できる人物を育てる」ことが、湘南高校のミッションです。伝統ある名門校であり、神奈川県公立高校トップの進学校として躍進を続けています。

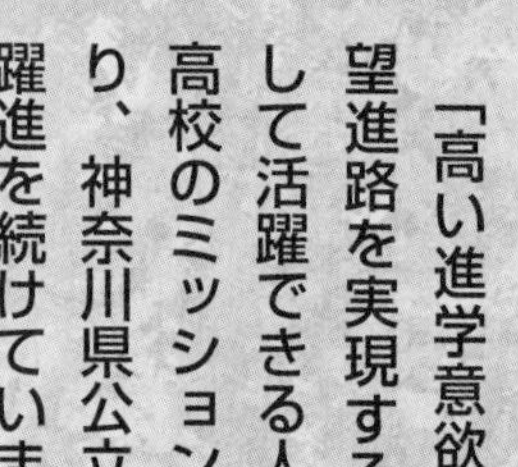

羽入田《はにゅうだ》 眞一《しんいち》 校長先生

日本一の学校から世界のSHONANへ

神奈川県を代表する伝統ある進学校として、ゆるぎない評価を得ている神奈川県立湘南高等学校（以下、湘南）は、1921年（大正10年）に神奈川県立湘南中学校として創立され、昨年90周年を迎えました。

湘南の歴史を記すうえで忘れてはならないのが初代校長の赤木愛太郎先生です。赤木先生は27年間、当時の湘南中学校の校長を務められ、「日本一の学校」を目標に、学校づくりに渾身の努力が傾けられました。学習とともに身体の鍛錬や人格の陶冶《とうや》にも力を注がれ、「文武両道」の校風を確立されました。その高邁《こうまい》な理想や校風は、現在の教育方針に活かされています。

羽入田眞一校長先生は、湘南のビジョンとして3つの言葉をあげています。その3つについて次のように語られまし

文化祭

毎年6月に2日間の日程で行われ、テーマに基づいて、文化系のクラブなどの発表展示が行われます。今年のテーマは「ANOTHER LEGEND（アナザー・レジェンド）」です。

た。「1つは赤木先生の『文武両道の全人教育による日本一の学校づくり』です。現代では『文』が学校の勉強で学習活動、『武』はクラブ活動・学校行事・生徒会活動などととらえています。本校は『文武両道』の伝統に誇りを持ち、さらに磨きをかけ、これからも日本一の学校づくりをめざしていきます。

2つ目は『最も困難な道に挑戦しよう』で、前任校長の川井陽一先生が伝えてこられたものです。生徒はこの言葉を合い言葉に、つねに全力で取り組み、互いに切磋琢磨するなかで、高い学力はもとより、幅広い教養など総合的な人間力を培っています。

3つ目として『私たちの舞台は世界です』をあげています。ノーベル化学賞を受賞された根岸英一先生は、本校の28回卒業生です。根岸先生は本校で行われた記念講演のときに『自分の仕事や趣味を追及するときに、世界を舞台に最適な環境を見つけるという選択肢があっていい』と話されました。これからは世界を視野に入れた教育活動が重要になると思います。地球規模で物事をとらえ、周囲の人の信頼を得ながら、日本一の学校から世界のSHONANとなるため、グローバル社会の優れたリーダーとして活躍できる人物を育成します」

湘南は2学期制・週5日制が実施され、1学年9クラス、1クラス約40名で構成されています。男女比はほぼ6対4になっています。クラス替えは2年生にあがるときだけで、2、3年生次にはクラス替えはありません。

授業は1授業70分で、時間割は2週間を1サイクルとして編成されています。理科の実験の授業などで時間を多くとる場合は、45分や50分授業だと1コマの授業では足りない場合もあるでしょうが、70分授業ならその心配もいりません。

カリキュラムは、1、2年生においては芸術を除き全員が同じ科目で学習し、基礎が固められます。3年次にはそれぞれの進路希望に応じた、文系・理系の類型コースが設けられています。

類型コースは「Ⅰコース」が国立理系をめざす生徒、「Ⅱαコース」が国立文系をめざす生徒、「Ⅱβコース」が私立文系をめざす生徒と分けられています。

「本校は、2007年度（平成19年度）に学力向上進学重点校の指定を受けました。高いレベルの目標を設定して努力する姿勢は、生徒の進路希望にも貫かれています。日々の授業を大切にしながら、希望進路においても『最も困難な道』に挑戦する生徒の学びを支援する体制をつくっています。」（羽入田校長先生）

キャリア教育講演会 土曜講座を開講

夏休みには各学年を対象にした夏季講

駅伝大会

「対組《たいくみ》」の競技の1つ。「対組」は、陸上、水泳、球技、駅伝などの競技を1～3年までが年間を通して競いあい、その成績で総合優勝を決める行事です。

陸上記録会

合唱コンクール

1年生から3年生までのクラス対抗で行われ、課題曲と自由曲を歌います。

習が実施されています。あらかじめ5月に「夏季講習一覧」の予告編が生徒に配られ、夏の学習予定が立てやすいように配慮されて、確定版は6月の文化祭明けに出されます。ユニークなのは、校外に出て、研究所や大学、博物館、大使館などを訪問して学習したり、コンサートや美術館をまわるサマースペシャルという講座が設けられていることです。

また、キャリア教育講演会も行われています。大学で学ぶとはどういうことか、将来、社会に貢献するため、いま行わなければならないこと、考えなければならないことはなにかを学び考察する場の設定もなされています。

湘南の同窓会「湘友会」の全面的な協力のもと、各界で活躍する同窓生が講師になって、学年ごとに年1回実施しています。

同じように、土曜講座も湘友会の支援で年に6回行われています。学問・研究とはなにかという観点から、同窓生が講師として講演され、希望する生徒が聴講しています。

伝統ある名門校 神奈川に湘南あり

進路進学指導は、各学年に進路年間計画がつくられ、学年懇談会や進路講演会、進路説明会などが行われています。生徒1人ひとりの定期考査や実力テストの成績が管理され、卒業生のデータも加味されながら指導されて多くが国公立大学をめざしていますので、センター試験へのリサーチ対策も怠りません。

「たとえ実力テストの結果や模擬試験の志望校判定の評価が低い生徒がいた場合でも、最後まであきらめずに努力させるのが本校の基本的なスタンスです。実力テストや模擬試験の成績が悪くても、定期考査の成績がよければ、国公立大への合格の可能性は十分にあります。それはこれまでの卒業生が証明してくれています。」（羽入田校長先生）

国公立大学への高い進学率は、伝統ある名門校として培われてきた全人教育の実りといえましょう。

羽入田校長先生は「60年間（1950～2009年）の東大合格者の累計（『東大合格高校盛衰史』小林哲夫著）では、本校が228名で全国14位です。公立全体では全国5位にランクされ、神奈川県ではトップになっています。これは東大合格者を対象とした1つの見方ですが、湘南を知っていただく指標にはなると思います。当時、赤木先生が優れた教師・講師の獲得に自ら奔走し、その教師の指導に生徒が応えたという土台が、しっかりと引き継がれてきています。その結果が神奈川に湘南ありということに結びついているのだと思います」と話されました。

部活動

加入率は160パーセントにのぼります。兼部が多いのが特徴です。

修学旅行

3泊4日で、沖縄や九州方面を訪れています。

広い敷地に恵まれ教育施設・設備が整っている

校門の脇にある大きな2本の楠は、植樹されてから約80年間、湘南生を見守ってきました。

新たな湘南生を迎えるにあたって、羽入田校長先生は「生徒に伝えたいのは、まず学ぶことについて謙虚な姿勢で臨んでもらいたいということですね。それから知る喜びを感じて、校風の『文武両道』を理解していってもらいたいです。

一昨年の秋に韓国のテレビ局・KBSが、韓国、日本、アメリカの各国の有名高校は社会のリーダーをどう育てているのかを取材しに本校に訪れました。

取材陣は、韓国の教育のように勉強だけではなく部活などの学校行事を盛んにしているにもかかわらず、進学実績もあげている湘南の教育に感銘し好意をもって帰られました。

湘南のビジョン、全人教育には『文武両道』が重要なのです。そして、これからの舞台は世界に活躍の場があるという視点をもって学んでもらいたいです。こうした資質のある子どもに入ってほしいと思います」と語られました。

湘南は広い敷地に恵まれ、教育施設・設備が整っています。

今年2月には、湘南の歴史を資料でたどることができる「湘南高校歴史館」がオープンしました。展示の目玉の1つが、「湘南大樹」です。壁一面の大きな木のオブジェには、色とりどりの葉が配置されています。葉の一枚一枚に有為の卒業生の名前と簡単な業績が書かれており、その数の多さに驚かされます。また、根岸英一先生の功績を紹介する特別コーナーもあり、生徒たちは、多士済々の先輩たちを身近に知り、感じることで、大きな将来への夢を膨らませていくことでしょう。

平成24年度(平成2012年度)大学合格実績 ( )内は既卒

大学名	合格者	大学名	合格者
国公立大学		金沢大	1(0)
帯広畜産大	1(1)	信州大	3(0)
北大	5(3)	浜松医大	1(1)
東北大	4(2)	名古屋大	3(0)
筑波大	2(1)	京大	2(0)
茨城大	1(0)	阪大	4(3)
千葉大	8(5)	神戸大	1(1)
お茶の水女子大	4(1)	島根大	1(1)
電気通信大	4(1)	山口大	1(1)
東大	21(7)	高知大	1(1)
東京外語大	4(0)	その他国公立大	20(11)
東京芸大	1(0)	国公立大合計	141(57)
東京工業大	15(3)	**私立大**	
東京農工大	2(1)	早大	187(57)
一橋大	8(6)	慶應大	79(28)
横浜国立大	22(6)	上智大	40(11)
新潟大	1(1)	その他私立大	638(302)

School Data

神奈川県立湘南高等学校

所在地
神奈川県藤沢市鵠沼神明5-6-10

アクセス
小田急線「藤沢本町」徒歩7分、
JR東海道線「藤沢」徒歩20分

生徒数
男子614名、女子466名

TEL
0466-26-4151

URL
http://www.shonan-h.pen-kanagawa.ed.jp/

和田式教育的指導

「入力」「貯蔵」「出力」を確認してみよう

高校受験では、記憶力が大事になります。今回は、記憶力についてお話ししましょう。心理学で記憶とは3段階に分けられます。この記憶の3段階モデルを知っておけば、実用的な意味で記憶力があがります。

第1段階の「入力」にはさまざまなポイントがある

「入力」とは、書き込みのことです。漢字や英語の単語を覚えようとして書いてみたり、教科書を読んで歴史上の出来事や人物の名前を覚えようとすることを「入力」と言います。

これまで「入力」には「書いた方がいい」「身体を動かした方がいい」などいろいろなことが言われてきました。

いまの心理学の考え方では、「入力」をよくするための重要なポイントとして、「理解」と「注意」があげられています。

「理解」とは、わかっていることは覚えやすく、わからないことは覚えにくいという意味です。だから、勉強をするときには見栄を張らないで、わかりやすい参考書を使う方が覚えやすいということになります。

「注意」というのも、気持ちが入っていれば覚えやすく、入っていなければ覚えにくいのです。

さらに勝手に気持ちが入っていくことを「興味」といいます。サッカーが好きな人は、サッカー選手の名前は簡単に覚えられるでしょう。ところが、歴史に出てくる事件や人名になると、「興味」がなければ覚えられないということが起こってきます。

そこで「注意」が向かないときに、意図的に「注意」を向けることを「集中」といいます。よく言われる集中力をつけるというのはそういうことなのです。ところが「注意」が向かないことに対して、意図的に「注意」を向け、集中力を維持するのは難しいことです。

寝不足や疲れがあると「注意」が落ちてきます。そうなると、集中力も落ちてくるので、まずこのようなコンディションをつくらないことが大事になります。

第2段階の「貯蔵」は復習によって維持される

記憶では、「貯蔵」が受験生にとって重要なポイントになります。覚えてきたことを入学試験のときまで、頭のなかに貯めておかなければならないからです。

「入力」したものがずっと「貯蔵」されていないと意味がありません。つまり、「貯蔵」された状態を維持しておかないといけないのです。

それではこの「貯蔵」について、

なにが必要とされるのでしょうか。それは復習です。せっかく書き込んでも、何回か復習していかないと、ちゃんとした書き込み状態が入学試験の直前まで維持されません。

受験生がとくに気をつけなければいけないのは、学校の中間考査や期末考査のときです。決められた範囲のなかでの試験ですから、一夜漬けをして覚えることができます。それを当たり前のようにしていると入学試験のときに痛い目にあう可能性があります。

公立高校を受検するときは、内申書のことも考えなければなりませんから、定期考査にも気が抜けません。しかし、基礎的な学力を身に付け、入試まで「貯蔵」しておくためにも、定期考査は一夜漬けだけで済ませてしまうのは危険なのです。

受験で失敗しないためにも、覚えたことを、1つずつ復習して自分のものに「貯蔵」していくことが大事です。

第3段階の「出力」のトレーニングは問題集で

出力は、覚えてきたものを書き出すことです。この出力を軽く考えてはいけません。実際の入学試験のときに、覚えていたものが出てこないということが往々にしてあるからです。

定期考査を一夜漬けしてくると、しっかりとした「貯蔵」ができていませんから、覚えたことが「出力」しにくくなる場合があります。試験のときに出てこなければ点数になりませんから、「出力」できるかできないかはとても大事なのです。

そのためには「出力」をトレーニングしていくことが必要になります。

その最適なトレーニング方法は問題集です。数学や英語だけではなく、社会科のような記憶の教科も問題集で出力トレーニングをしておいた方がいいでしょう。私立高校の入試問題には独自の傾向がありますから、過去問を通してトレーニングをすることが、一番の効果が見込めます。

とくに中学3年生は志望する学校の問題に合わせながら、出力トレーニングをしていくのがよいでしょう。公立高校を受検する人も、独自問題が出題される学校がある場合は、その問題で書き出す出力トレーニングをすることが大事です。

「入力」+「貯蔵」+「出力」を意識して記憶力を高め、自分がめざす高校の受験に臨んでください。

Hideki Wada

和田秀樹

1960年大阪府生まれ。東京大学医学部卒、東京大学医学部附属病院精神神経科助手、アメリカのカールメニンガー精神医学校国際フェローを経て、現在は川崎幸病院精神科顧問、国際医療福祉大学大学院教授、緑鐵受験指導ゼミナール代表を務める。心理学を児童教育、受験教育に活用し、独自の理論と実践で知られる。著書には『和田式　勉強のやる気をつくる本』(学研教育出版)『中学生の正しい勉強法』(瀬谷出版)『難関校に合格する人の共通点』(共著、東京書籍)など多数。初監督作品の映画「受験のシンデレラ」がモナコ国際映画祭グランプリ受賞。

開智未来高等学校

23年4月埼玉県加須市に開校
T未来クラス新設

先進的・本質的な学びを研究・開発・実践する進化系進学校が誕生
開智中学・高等学校のパイロットスクールとしてハイレベルな教育を地域に発信

教育を開発する

開智未来は、これまで開智学園が積み上げてきた教育の成果の上に、さらに「知性と人間を追究する進化系進学校」として、新しい教育実践を開発して子どもたちを伸ばし、その成果を地域および全国に発信し社会に貢献する学校を目指します。

校長自らが行う哲学の授業、カナダ環境未来フィールドワーク、未来型知性を育成するIT教育、論理的思考力を高める論理エンジン、コミュニケーション型知性を育む学び合い、学校・家庭・地域連携の共育など、さまざまな教育活動を開発し、発信していきます。

「朝の学びあいルームで学習する生徒と質問に対応する先生」

世界のTOPを目指すT未来クラス

開智未来は、意識の高い集団で質の高い授業を行い一人一人の能力をさらに伸ばす「未来クラス」、充実した教育により一人一人の実力を確実にていねいに育てる「開智クラス」があります。1期生・2期生とともに「未来クラス」の入学生が2クラス編成となり、開智未来の目指す教育が地域に定着してきました。25年度は「T未来クラス」を新設し、「ハイクオリティー」と「グローバリゼーション」をキーワードに教育プログラムをさらに充実させ、東京大学をはじめとした難関大学に合格できる学力と、各分野のリーダーとして国際社会に貢献できる人間力を鍛えます。

4つの知性を育てる

開智未来では最難関大学合格を可能にする学力、そして、生涯にわたって発揮される学力を育成するために「4つの知性の育成」を謳っています。4つの知性とはIT活用力などの未来型知性、カナダ環境フィールドワークなど体験や行動を重んじた身体型知性、暗誦教育に代表される伝統型知性、そして、対話的授業や生徒どうしの学び合いによるコミュニケーション型知性で、それらの知性をバランスよく磨き上げ

24年度　開智未来　サプリ　日程

「学びのサプリ」とは校長自らの教育理論であり教育実践です。頭の栄養という意味を込めて「サプリ」という名前を付けましたが、学びを志や身体・生活にまで立ち返って考え、様々な学びの構えやスキルを習慣化・身体化させて自らを成長させようとする学習メソッドです。一方で保護者向けの「親サプリ」も開発しました。この機会に「サプリ」にご参加いただき、開智未来の教育を知っていただければ幸いです。

対象：中学受験生・高校受験生（小中学生）および保護者の方　　**★筆記具持参**
開智未来の教育に関心のある教育関係者および一般地域住民の方

<table>
<tr><th>開催日</th><th>時　間</th><th>場　所</th><th>内　容（時間は約80分です）</th></tr>
<tr><td>6月30日（土）</td><td>10時00分～</td><td>久喜総合文化会館［小ホール］</td><td rowspan="5">★サマーサプリ
・受験勉強も本格化。偏差値10ＵＰへ向けて「完璧を目指す学習」を身に付けよう。
・開智未来独自の「共育」を保護者の方も体験できます。
・開智未来の25年度入試概要発表</td></tr>
<tr><td>7月　8日（日）</td><td>10時00分～</td><td>自治医大 グリーンタウンコミュニティセンター</td></tr>
<tr><td>8月　5日（日）</td><td>10時00分～</td><td>小山市生涯学習センター［ホール］</td></tr>
<tr><td>8月18日（土）</td><td>10時00分～</td><td>パストラル加須［小ホール］</td></tr>
<tr><td>8月26日（日）</td><td>10時00分～</td><td>館林市文化会館［3号室］</td></tr>
</table>

<table>
<tr><td>6月　6日（水）</td><td>10時00分～</td><td>浦和コミュニティセンター
［第13集会室］</td><td rowspan="2">★親サプリ講座
（保護者・教育関係者対象）
・子どもを伸ばす親としてのあり方
・開智未来の入試情報をより詳しく！</td></tr>
<tr><td>7月　4日（水）</td><td>10時00分～</td><td>越谷コミュニティセンター
サンシティーホール［会議室］</td></tr>
</table>

［　開智未来中学・高等学校　校長　関根　均（ひとし）　プロフィール　］

不動岡高校から東京大学教育学部を卒業。54歳。県立高校着任後大学院で学び、埼玉県教育委員会の指導主事を経て、県立高校教頭・校長に着任。教育実践の開発・研究をライフワークとする。

21年度より開智高等学校の校長を2年間務め、大学進学実績をさらに大躍進させ、23年度より新設校の開智未来中学・高等学校の校長に着任。自らの哲学の授業をはじめ各教育活動の研究・開発・実践を通じ、生徒を伸ばす取り組みが全国から高く評価されている。

また「人間が育つから学力が伸びる。学力が伸びるから人間が育つ。」という哲学のもと、小中学生・保護者・教育関係者を対象に「学びのサプリ」を実施。年間100回を超える講演で5000名以上の参加者を集めた。「月刊高校教育」（学事出版）にて「校長サプリ：学校づくり最前線」連載。本校ホームページに「サプリの窓」を開設し「校長からのメッセージ」を毎日配信している。

る授業を目指しています。

学びのスキルを鍛え 志を育てる教育の徹底

6つの授業姿勢を徹底し、3つの学びをバランスよく行います。

6つの授業姿勢とは、①授業のねらいを確認する、②主体的にメモを取る、③授業に参加する・反応する、④明瞭な発声・発言・発表をする、⑤意欲的に質問する、⑥学習したことを振り返る」です。開智未来では「ねらい、メモ、反応、発表、質問、振り返る」を暗誦して全員がすべての授業でできるようにしています。

また、生徒が伸びるためには「教わる」「自ら学ぶ」「学び合う」の3つの学びをバランスよく行うことが大切です。そこで、授業の中に「自ら学ぶ（思考させる）」と「学び合い」を適度に、適切に取り入れます。

関根校長の哲学の授業

開智未来では、関根校長自らが週1時間、「哲学」の授業を行っています。

「年100回のサプリがライフワークの関根校長」

「人間が育つから学力が伸びる、学力が伸びるから人間が育つ」というサプリの考えに基づき、哲学の授業では思考力や言葉力を育成するとともに、学びのスキルや「人のために学ぶ」志を鍛えます。

偏差値10アップのサプリを各地域や学校説明会で実施

開智未来では、「育てる生徒募集」という取り組みを行っています。昨年度は100回を超えるサプリを行い5000名以上の小・中学生、保護者の方に参加していただきました。インプット編・スループット編・アウトプット編と、その時期にふさわしい内容を準備しています。「伸びたい生徒、伸ばしたい教員、伸びてほしいと願っている保護者の気持ちが1つになった学校」それが開智未来のスローガンです。

開智未来高等学校（高校受験）　夏期説明会日程

■筆記具・上履き持参・予約不要　■加須駅、栗橋駅よりスクールバス運行・自家用車で来場できます。

	時　　間	主な内容	スクールバス運行
6月23日（土）	◆授業見学／講座参加 9時10分～9時50分 ◆説明会・勉強サプリ 10時00分～11時45分	・開智未来の教育Ⅰ ・開智未来の入試概要 ・偏差値10ｕｐ勉強サプリ「インプット編」 ・英数国講座（基礎編） 9時10分～1日1教科	栗橋駅発 8時35分・9時10分 加須駅発 8時5分・55分・9時20分 終了時も運行あり
7月27日（金）			
7月28日（土）			
8月24日（金）			
8月25日（土）			

開智未来高校　入試対策講座・親サプリ講座・個別相談

■筆記具・上履き持参　■加須駅、栗橋駅よりスクールバス運行・自家用車で来場できます。
■9月10日以降、ホームページからの予約制

	時　　間	主な内容	スクールバス運行
9月22日（土）	◆入試対策講座 受付9時00分～ 9時30分～11時50分 ◆親サプリ講座 11時00分～11時50分 ◆個別相談 12時00分～13時00分	・3教科の演習と解説（1教科40分×3教科） ・保護者対象サプリ ・個別相談 本人のみ・保護者のみの参加もできます。	加須駅発・栗橋駅発 8時40分（入試対策便） 10時20分（親サプリ便） 終了時も運行あり

教育評論家 正尾佐の

高校受験指南書

Tasuku Masao

六拾七の巻

今年の入試問題3【国語】

《今年の入試問題》シリーズの最後は国語だ。国語は久々だなぁ。2月号以降、ずっと英語と数学ばかりで、1月号で古文問題を取りあげて以来だね。いまこれを読んでいる人の大半は中2生だったろうから、初めての国語だ。

さて、今年の高校入試問題で、首都圏の一部の先生たちの間で話題になったのは桐朋女子高校だ。同校で出題した問題文（河野裕子《かわのゆうこ》「ひとり遊び」）が、東大でも出されたためだ。

河野さんの家族は、夫・長男・長女も歌人という一家で、残念なことに3人に先立って一昨年お亡くなりになったが、今年「〜家族を歌う〜河野裕子短歌賞」が設けられた。

国語の場合、これに近いことはときどき起きる。今年は例えば、開智学園高等部の問題文の筆者（木村敏さん）は、大学入試センター試験の問題文の筆者でもある。

木村敏さんは精神病理学者で、その論文はとても難解だが、近年は一般の人たちが一読してわかるような平易な文章を公にしている。

それでも、高校の入試問題文としては難しめだ。開智学園の問題文を見てみよう。

> 現代の私たちの社会が「異常」なものごとに対して向けている関心の強さは、それ自体すでに十分、異常な現象というにあたいする。さまざまの異常な現象が今日のように赤裸々に報道され、過大に取り扱われて、センセイショナルな好奇心をあおった時代は、過去には例を見ないのではあるまいか。

この書き出しは、「今の私たちが『異常』なものに関心を強く持ち過ぎているが、その強さは異常なことだ」というのだね。

精神病理学者の木村さんは、個人の異常さだけでなく、社会全体の異常さにも敏感らしく、とくにセンセイショナルな報道は「過去に例を見ない」という。

「センセイショナル（＝センセーショナル）」は、『人の気持ちを激しくあおりたてるような』という意味だ。

確かに、テレビや雑誌などの報道は、ずいぶんと事細かだったり大げさだったりするね。

> 天候の異変、地震や津波、悪疫の流行、政治的・経済的な激動などのように、直接に私たち一人一人の生命や生活に影響を及ぼす異常事態に対して大きな関心が向けられることは、さして不思議なことではない。しかし、遠い外国の奇妙な風俗や習慣、テレビの「びっくりショウ」のたぐいに出てくる例外的な能力の持ち主、印刷ミスで番号の抜けた紙幣など、私たちの実生活には直接なんのかかわりもない「異常」のかずかずが、私たちにとってたいへんに大きな好奇心のまととなっている。

自分の「生命や生活に影響を及ぼす異常事態」に「大きな関心」を持つのは当たり前だが、自分と「直接なんのかかわりもない」ことにも好奇心がやたらに強い、と筆者はいう。

> スポーツの新記録や政治家の汚職が大きく報道されることは当然としても、連続何時間キスを続けた記録とか有名

女優の私生活上のスキャンダルとかがマスコミの恰好のタイトルになっている現象は、Aまさに現代的である。

「連続何時間キスを続けた記録」なんて、「へーっ、すごいね」と軽く驚くだけでいいはずなのに、「うわーっ！　とんでもないことだ！」と大騒ぎをする、それを「現代的」であり、「異常」だ、と筆者はいうのだ。

この部分の最後に傍線が引かれ、次のような問いになっている。

問1　傍線部A「まさに現代的である。」とあるが、どのようなことについて「まさに現代的である」と言っているのか。最も適切なものを選びなさい。

ア　自分たちの生命や生活に直接影響を与える事柄に限って大きな関心を抱くこと。

イ　他人の私生活に関することや、赤裸々な報道について自分に置き換えて考えること。

ウ　自分たちの実生活に直接何のかかわりのない異常に対して強い好奇心を抱くこと。

エ　外国での出来事や気象の異変などを敏感に感知し、直接的な行動をすること。

オ　実生活にはほとんどかかわりのないことであっても、好奇心をもって積極的に関わろうとすること。

問題文の冒頭からこの傍線部までを、きちんと読み取れたかどうかを確かめる問いだ。正解はもちろんウだね。

正解　ウ

問題文を読み続けよう。

もちろん、このような現象の裏には、いわゆる「情報過剰」というこれまたすぐれて現代的な徴候が、その原因の一つとして作用しているだろう。

「この現象」とは、〝自分に関わりのない異常なことにも異常に関心を持つという現代的な現象〟のことだ。その原因の一つに、「情報過剰」が作用している（＝はたらいている）、と筆者はいう。

しかし、情報を求める要求の存在しないところでは、［　Ｉ　］はなんの価値をも持ちえない。

問2　空欄部Ｉにあてはまる言葉として最も適切なものを選びなさい。

ア　異常　イ　現象　ウ　人間

エ　情報　オ　好奇心

問2もさほど難しくはない。「情報を求める要求の存在しない」ということは、「情報をくれ、と言う人がいない」ことだ。もしも価値のある情報なら、欲しがる者がいるはずだね。正解はエだ。

正解　エ

この「情報過剰」という現象それ自体が、考えかたによっては、異常なもの、珍奇なもの、例外的なものに対する現代社会の過大な好奇心の産物とみなしうるかもしれないのである。

「『情報過剰』という現象」、わかりやすく言うと〝情報がありすぎるということ〟もまた「異常そのもの」で、いまの世のなかの人たちが好奇心が大き過ぎるせいかもしれない、と筆者はいう。

満腹しきっているときには、私たちは食物に対してあまり関心を示さない。欲求は欠乏の函数である。現代の社会が異常な現象に対してこれほどまでに強い関心を示すということは、私たちがなんらかの意味で異常に飢えていることを意味しているのではなかろうか。

「欲求は欠乏の函数《かんすう》である」は、難しい文だね。とくに「函数」は中3生にはわからないだろう。筆者の木村さんがこの文章を書いたのは、いまから40年ほど前で、その頃は「関数」を「函数」と記したのだ。もちろん、「函数」で正しいのだけれど、注をつけると受験者には親切だと言えるのだ（が、この問題の出題者は年齢がだいぶ高いのだろうね。あ、そうそう、ついでに言うと、以前は高校に「現代国語」という科目があって「現国《げんこく》」と省略して呼んでいたが、いまは「現代文」に変わって、高校生たちは「現文《げんぶん》」と呼んでいる)。

「欲求は欠乏の函数である」とは、わかりやすく言うと〝自分に欠けているものによって、その人のほしいものが決まる〟という意味だ。

筆者は、〝いまの社会の人たちに異常が欠けているから、異常がほしくてたまらないのだろう〟といっているのだ。

> B「現代は異常の時代だ」という言い方が一般になされているようであるし、確かにそうに違いないのではあるけれども、その反面において、逆に現代の社会は「正常すぎる」ために異常を求めているのかもしれないのである。

〝異常が欠けている〟ということは、〝正常しかない・正常だらけだ〟ということだね。

> 現代の社会というのは、正常さによって身動きがとれなくなって、窒息しかかっている社会なのではないだろうか。ある意味では異常が少なすぎるために、その反作用で異常を求める傾向が過度に表面化して、「異常の時代」という外観を呈しているのだという見方もできるかもしれないのである。

〝正常だらけ〟だと、かえってその正常さに縛られ、邪魔されて身動きもできず、息も絶え絶えで「窒息」しかけている、死にかけている、そんな社会になっている、と木村さんは言っているんだね。

さらに続けて、正常だらけで「異常が少なすぎる」ため、かえって「異常を求める傾向」が表に出過ぎて、「外観」(=見かけ)は「異常の時代」のようなのだ、と述べている。

これについては、「という見方もできるかもしれないのである」というまわりくどい言い方をしている。この言い方は婉曲表現(=遠回しな述べ方)といって多くの日本人に好まれている。謙虚な言い回しのほうが、「この筆者は人格者だなぁ」と思われるからだろう。この部分を読み取れれば、問3が片付けられる。

> 問3　傍線部B「『現代は異常の時代だ』」とあるが、この考え方に対する筆者の見解として最も適切なものを選びなさい。
>
> ア　現代は情報過剰に陥っており、一見すると異常を求めているようではあるが、それは単なる現象面での話であり、原理的には正常といえるのではないか。
>
> イ　現代社会は正常さによって身動きが取れなくなるほどの異常な状態を呈しており、まさに異常の時代だといえるのではないか。
>
> ウ　現代は異常が少なすぎるため、逆に異常を求める傾向が強くなりすぎて、表面的には異常の時代と見えるのではないか。
>
> エ　私たちの現代社会は異常に対してかつてないほどの強い関心と好奇心とを抱いており、正常を見失うほどの異常に包まれているのではないか。
>
> オ　現代の社会に生きる私たちは規則性や法則性に縛られるため、正常であることを絶対とするが、それは異常欲求の反作用ともいえるのではないか。

正解を決めるときに、アかイかウか、少しだけ迷うだろう。

いま、説明したように、筆者は「異常な時代だと言われているが、それは正常だらけの時代のせいで、異常を求める傾向が表に見えすぎるのだ」という考えだ。だから、正解はウ。

正解　ウ

> 異常なできごとは、すべて規則性、法則性からの逸脱であり、プロバビリティ(ありそうなことが起こる可能性)あるいは予測可能性からはずれた偶然ないし椿事とみることができる。
>
> (注「椿事」…思いがけないできごと。)

ものごとが規則や法則の通りに起こるのが正常だ。もしも、水が1気圧の場所で、摂氏30°で沸騰したら、これは正常でない、異常な大事件だ。そんなことが、夏の暑い日にプールで起こったら、大変だ。水が沸騰してどんどん減ってしまい、泳げなくなる。そんなことはあまりにも異常だから、まず起こらないだろうと、だれにもわかることだ。もう少し、起こるかも知れない例をあげてみよう。

仮にキミが歩行者で、交差点で立ち止まっていたとしよう。青信号になったのでキミは横断歩道へ足を踏み出した、その途端、酔っ払い運転の車がそこに突っ込んで来て、キミは重傷を負ったとする。

非常に悲しくも腹立たしいことだが、いまなお飲酒運転はかなり多い。そのために事故が発生する。飲酒運転は必ずとは限らないが、事故をよく起こす。そいう飲酒運転→事故という結びつきを蓋然性《がいぜんせい》＝プロバビリティという。

つまり、残念なことに、現在では酔っ払い運転による事故はプロバビリティにはずれていないのであり、あまり異常ではないのだ。

だが、もしも自動車の自動アルコール検知システムが発達して、20年後には、運転者が酔っている場合は、車のエンジンがかからず、まったく走り出さなくなったら、安全このうえない。もはや飲酒運転による事故はほとんどなくなる。

そういう時代に、酔っ払いドライバーがアルコール検知システムに引っ掛からずに車を運転し、事故を起こしたとしたら、それはかなり異常な事件だ。

> ある偶然の生じうる可能性が低ければ低いほど、つまりその偶然を排除するプロバビリティが高ければ高いほど、[Ⅱ]。
>
> 問4　空欄部Ⅱにあてはまるものとして最も適切なものを選びなさい。
>
> ア　それだけその偶然の規則性・法則性は堅固になる
> イ　それだけその偶然の異常度は低下する
> ウ　それだけその偶然のプロバビリティは高くなる
> エ　それだけその偶然の異常度は増加する
> オ　それだけその偶然のプロバビリティは低くなる
> カ　それだけその偶然の規則性・法則性はあいまいになる

問4はなかなか難しいのだけれども、ここまできちんと読んできた人は解けるだろう。

「ある偶然の生じうる可能性が低」いということは、その偶然はめったに起こらないということだ。そして、めったに起こらない偶然が起きるとしたら、それはかなり異常なことだ。というわけで、正解はエでなければならない。

正解　エ

問題文はこれだけでなく、次のようにもっと続く。

> その意味で、現代の私たちの社会は規則性をはずれた例外的な事態がだんだん起こりにくくなるような傾向をもった、つまり極めて高いプロバビリティによって支配された社会だということができる。

設問も問7まであるのだが、紙数が尽きたので、これで打ち切りにする。

このような難しめの高校入試問題の文章が読めるなら、その力は大学入試問題の読解力の基礎がだいぶ固まっていると言えるだろう。そういう人は、来年の高校入試だけでなく、さらに4年後が楽しみだよ。

宇津城センセの受験よもやま話

幼いころに見た怪奇現象とその正体

宇津城 靖人先生
早稲田アカデミー　特化ブロックブロック長
兼 ExiV西日暮里校校長

「幽霊の正体見たり枯れ尾花」とはよく言ったもので、長いこと生きているといわゆる「怪奇現象」のようなものに遭遇することがある。そのときは精神的に追い詰められているので本当に「怪奇な」出来事が起こっているのかと思い込んでしまうものだが、時間が経つと次第にそのときの自分を客観的に考えるようになって、結果として「ああ、あのときのあれは単なる思い込みだったのだなあ」と冷静に振り返ることができるのであろう。

白いワンピースを着た長い黒髪の女

今回は私が体験した怪奇現象についてお話をしたいと思う。あらかじめお伝えしておくが、私にはいわゆる「霊感」などという繊細なものはない。むしろ人生や仕事においては繊細どころか鈍感すぎて困っているくらいである。もちろん宜保愛子さんや丹波哲郎さんと交流があったこともない。さらにこのコラムで人生が転換できるお札とか、前世からの因縁を断ち切るための掛け軸とかの購入を勧めたりはしないので、ご安心いただきたい。しかしながら、この手の話が苦手なかたは今月は読み飛ばすことをお勧めする。夜、1人でトイレに行けなくなるとご家族が迷惑するからである（笑）。

私が初めてこの手の現象に遭遇したのは、確か小学1年生のころであったと思う。その当時、私は兄と共同で2階の1部屋を与えられていた。学校から帰り疲れていた私は、2段ベッドの下の段で昼寝をしていた。2階建て以上のお住まいに暮らしたことのあるかたであればおわかりいただけると思うが、その家にはその家の「階段を移動する足音の音程」というものがある。決まった音程と音の回数が耳に残っており、だれかが階段をのぼっていったことも降りていったことも、その音により認識できるものである。

その「階段をのぼる音」が耳に届いたために、私は目を覚ました。階段をのぼりきってから私と兄の部屋まで来るには廊下を歩かねばならない。だれかがこの部屋に向かってきていることを感じながら上体を起こすと、部屋の入り口とちょうど向かい合わせになるような格好となった。

廊下を歩く足音を聞きながら、「母親か、それとも兄か？」と無警戒に入り口の方に目を向けると、そこには女の人が微笑みながら立っていた。「だれ？」と思ったが、驚きで声もでない。

女の人は表情を変えずに、少しずつ近づいてきた。その微笑みが明るく美しいものや、慈愛に満ちたものであれば恐怖を感じなかったであろう。しかし、その笑顔は虚《うつ》ろで、私を見ているようで見ていないように思えた。ゆえに恐怖が先に立った。私はベッドの枕の方に身を固め、布団を引き胸元へと寄せていた。女は2段ベッドの下段のふちまで近づくと、体を潜り込ませて私の方に上体を伸ばすと、右手の人差し指で私を指差した。その手が伸びてきて私の頬に触れたと思ったその瞬間、その女の右手の人差し指がポロリと落ちた。指は私の胸元へ、そして右足の付け根あたりへと転がっていった。女を見ると、平然と微笑んでいた。

「うわー!!!」と声をあげて叫ぶと、私は布団に潜って念仏のようなものを唱えていた。「ナンマイダ」だとか「ジュゲムジュゲム」だとか「エロイムエッサイム」だとかぶつぶつ言っていた。しまいには「お化けなんてないさ♪」と歌ってすらいた。そして、いつの間にか眠ってしまった。

さて、これはいわゆる心霊現象なのであろうか、否、そうではない。この当時、私はとても疲れていたという身体的な状況が原因の1つである。そしてまたこのころ、「口裂け女」というフォークロアが日本中を席捲しはじめていたことも要因であろう。女の服装が白いワンピースであること、長い黒髪であることなど、あの有名な都市伝説と合致する。私の耳にもその話は、強い恐怖とともに入っていた。そしてさらにこの出来事の直前に、目の前で友人がドアに右手の指を挟んで怪我をするという事件もあった。つぶれて黒っぽい色に変色してしまった友人の指に衝撃を受けたのを覚えている。

これらの要素が絡まり、私は眠りながら夢を見たに違いない。女はその後現れなかったし、指もどこにも転がっていなかった。そのとき家にいた母親は足音も聞かなかったそうだ。第一「パイポパイポ」と聞いて消える幽霊などおもしろすぎる。やはり「枯れ尾花」なのである。

続々と起こった不思議な現象

私が一番数多くこの手の出来事に遭遇したのは、小学4年生のころであった。前にも書いたが、小学4年のころには家庭内で大きな問題があり、純真な（?）少年としては大変な衝撃を受けていたことは事実である。親に捨てられた感というのは子どもにとっては結構な心の傷となるもので、問題が発生してからの私は、夜に上手に眠ることができなくなっていた。睡眠をとっても浅い眠りしか得ることができず、夜中に何度も目が覚めてしまう。当然ながら、体調もよくはない状態が続いてしまっていた。

そして、そんなときにさらに衝撃的な出来事に遭遇してしまった。学校からの帰りにいつも渡るその踏み切りで人身事故が発生したのである。たまたまその現場に居合わせてすべてを目撃してしまった。詳細はどぎついので書かない（書けない）が、小学4年生の私にとってはhorribleすぎる事故であった。家族の喪失感に加えて命の喪失を目撃してしまった私は「喪失の恐怖」を受け止めきれなかった。そうして不安定な精神状態となった私は、奇怪な現象に次々と遭遇するようになってしまったのである。

毎晩ウトウトとしかできない日々が続いていた。するとある日から午前2時になると決まって1階の屋根を水が叩く音が聞こえるようになったのである。それまでは気にもとめていなかったが、雨の日に雨水が2階の屋根から1階の屋根に垂れて「カン、カン」と立てる音とまったく同じ音が夜中に聞こえることに突然気がついた。音がし始めてふと時計を見るとそれがきまって午前2時なのである。もう、怖くて怖くてたまらなかった。

TVに映る芸能人の顔に「死相」が見えた。「この人はもうすぐ亡くなるな」と思っていたら、本当にすぐに亡くなってしまった。

ある日郵便局の前を通ると、郵便局から母親が出てきた。その母親を見た瞬間に伯父が亡くなってしまったとわかった。「伯父さん、亡くなったの?」と出会いがしらに母親に尋ねると「どうしてわかったの!?」と驚かれた。

このほかにもたくさんの出来事に遭遇したが、さて、これらのことは心霊的な現象であろうか。否、そうではない。

まず、屋根を叩いた水の音の件は、夜露であるという結論でおしまいである。同じ時期の同じような気象条件であれば、同じような時間帯に夜露が建物の構造上、1箇所に集められ、水滴となって垂れることは十分ありうる。つまり、当たり前の自然現象でしかない。

次にTVを見ていて「この人が亡くなる」とわかった件だが、これはだれでもわかることである。つまり私だけでなく、そのTVを見た大多数の人がその芸能人の「不健康さ」に気づいたはずなのだ。それまで健康的に見えていた人間が突然急激に痩せたりすれば、だれでも「病気ではないか」「命にかかわるのではないか」と思うであろう。私もその域を出ていない。亡くなる日付や死因まで見通せたわけではないから、こんなものは心霊現象でもなんでもない。単なる分析と想像に過ぎないのである。

そして伯父が亡くなったことに気づいた理由も、これも同じく情報の集約と分析でしかない。まず、伯父が病に臥《ふ》せっていたという事前の情報があった。加えて母親は郵便貯金の口座を持っているということも知っていた。母親は生活費は口座に入れずに、現金で持ち歩いていたから、郵便局でお金を下ろすとなると「生活費以外の出費」があるのであろうと想像がついた。郵便局から出てくるときの母親の表情には悲痛な感情が読み取れた。もうこれだけで条件は十分である。私が「伯父が亡くなった」という事実にたどり着くのも当然であると言えよう。こんなもの霊的な感性でもなんでもない。

しかしながら、当時の私は精神的に不安定であったので、これらの出来事をスーパーナチュラルなことだと認識していた。結果として夜、トイレに行けない子になっていた。

ぜひともいまの子どもたちには、夜トイレに行ける精神状態でいてほしいと思う。怖いことはよく分析してみれば、他愛もないことだとわかるからである。

WASE-ACA TEACHERS

国語

東大入試突破への現国の習慣

表面上の修正で済ませようとしないこと! 根本的な変化を恐れないことが大切です。

田中《たなか》 利周《としかね》先生

早稲田アカデミー教務企画顧問

東京大学文学部卒。東京大学大学院人文科学研究科修士課程修了。文教委員会委員。現国や日本史などの受験参考書の著作も多数。早稲田アカデミー「東大100名合格プロジェクト」メンバー。

慇・懃・無・礼?!
今月のオトナの四字熟語「君子豹変」

「君子は豹変す」という使い方をする慣用表現ですが、教え子にこの言葉の意味を確認したところ…本来の意味とはかけ離れた「トンデモ」イメージで理解してしまっているケースが大変多いという事実に直面いたしまして（汗）。急きょ、解説をしてみようと思い立ったわけです。

「王様みたいに偉い人は、突然キレて、豹みたいに怒りまくる!」という暴君のイメージを思い描いている生徒が目立ちましたが、全部（笑）間違っています。

そもそも「君子」を「君主」と勘違いしてしまっていますよ。「君主」は確かに、「世襲によって位につく統治者」のことですが、ここでは「君子」ですよ、「君子」。王様ではありません。「徳が高く品位のある人格者」を意味する言葉なのです。「君子は危うきに近寄らず」という表現を聞いたことがあるでしょう? 人格者と呼ばれる人物は、身をつつしみ守って危険をおかさずにこれを避ける、という意味ですね。ついでに確認しておきましょう。「聖人君子」という四字熟語も知っておいて下さい。「学識、人格ともに優れた理想的な人物」という意味になりますからね。

さらに「豹変」については、「豹に変身する」という文字通りのイメージで、おとなしかった人が豹のように獰猛《どうもう》に一変する、という理解を示している生徒が多く見受けられました。これも間違いです。「気弱なウサギから猛々《たけだけ》しい豹に変身!」といったようなメタモルフォーゼを意味しているのではなく、「豹変」とは、「豹の斑紋《はんもん》が、季節の変わり目に抜け替わって、美しく一変する」という意味ですからね。決して「豹に変身する」わけではないのです。

「でも先生、意味はそんなに間違っていないんじゃないですか?」と、粘る生徒もいます。「立派な人でも機をみて態度や考えを安易に変える」とか「突然、本性を現して恐ろしい人物に一変する」といった、否定的な意味で使われること自体は、イメージしている通りではないですか? という意見ですね。確かに、辞書にも次のような文例が出ています。

「君子豹変す、というが、あの男の変わり身の早さには感心するよ」。明らかに否定的な意味合いですね。態度を一変させることに対して、あきれている様子です。ところが、辞書には次のような説明が続くのです。「誤用が定着したもの。今では誤りとは言い切れないが、本来の意味からは遠い」と。さてこれは、一体どうしたことでしょう。

とにかく本来の意味を確認してみましょう。そもそもこの言葉は、中国の古典『易経』の「君子は豹変す。小人は面を革《あらた》む」に由来するものです。徳のある君子はすばやくはっきりと誤りを正すが、徳のない人は外面だけを改める、という指摘なのです。「徳のある人」の態度と、「徳のない人」の態度を対比させて、「過ちを速やかに改めること」を評価して、肯定的にとらえているものだったのですよ！　英訳するとこの意味がはっきりと理解できます。"A wise man changes his mind, a fool never." お分かりでしょうか。「愚か者は決して改めない」というところが実はポイントなのです。

　ですから本来は、『論語』の中に登場する「過ちては改むるに憚《はばか》ること勿《なか》れ」という言葉にも相通じるところがある表現なのですが、教え子たちが否定的なニュアンスでとらえているように、最近では特に、節操なく変わり身が早い、という悪い意味で用いられるようになっています。もしかしたらそれは、豹という動物の凶暴なイメージの連想からきたものなのかもしれません。辞書による説明でも「もとは、よい方への変化を言ったが、今は前言を平気でがらりと変えるなど、悪い方を言うことが多い」と、最近のとらえ方をわざわざ紹介しているほどです。

　皆さんに改めて確認してもらいたいのは、この「よい方への変化」という意味合いです。本当にひとかどの人物であれば、変化や改革を恐れはしません。必要があれば、あるいは過ちと分かれば、がらりとやり方や態度を変えるということもあるのです。ところが、小人は、表面上はそれを受け入れるそぶりをしつつも、旧来のやり方や面子にとらわれて、古いやり方や一度口にした自説にこだわってしまう。思い当たる節はありませんか？「こんなやり方ではダメだ」とうすうす気づいていながら、根本的に変えてしまうこと自体を恐れて、「とりあえず今のままでいいや」と決断を先延ばしにしてしまう…。結果の出ていないやり方にもかかわらず、「今までこれでやってきたから」と惰性で続けてしまう…。どうでしょう、身につまされることはないですか？　変える！　という決断には、どうしても勇気が必要になりますからね。

　人は意見がぶれる人のことを信用しないものですが、意見を変えるなら変えるで、はっきりと表明すれば理解されることもあるのです。ところが、言を左右にして誤魔化そうとするから信用されなくなってしまうのです。日本の政治家が信用されないのは、まさにそのためですよね。意見を変えるときには、勇気を持って徹底的に変えることも極めて重要なのですよ！「よい方への変化」だと確信したならば、表面上の修正で済ませるのではなく、堂々と「豹変」することです。

グレーゾーンに照準！
今月のオトナの言い回し
「曲がりなりにも」

「曲がった形」＝「不完全な形」という意味の「曲がり」と、「そうであっても」という意味を付け加える「…なりにも」の組み合わせによって出来上がった、「まともでないにしても、どうにかこうにか」という内容を表す慣用表現です。「曲がる」という言葉が、「まっすぐでない形」を意味することから、転じて「正しくない」というニュアンスまで含まれてしまうのですね。

　ですから普通に考えれば「よくない意味」の言葉であり、自らの行為や態度について、わざわざ「曲がりなりにも」という表現によって紹介しようとするのは、考えられないはずなのですが…そこがオトナの用法！　実によくこの表現が使われるのです。むしろ「自負」や「誇り」を伴って、この表現が使われているケースがとても多いということを、皆さんは理解できるでしょうか？

　こんな用例で確認してみましょう。「筆者は、曲がりなりにも都市工学という分野に関わりつつ、これまで四半世紀にわたって研究を続けてきたが…」なんてことを、どこかの大学教授が著書の中で表明している場合を考えてみます。

　さて、いかがでしょうか。「不完全でまともでない」あまつさえ「正しくもない」研究を、だらだらと二十五年も続けてきたことを、この人は嘆いているのでしょうか？「申し訳ない」という反省を込めているのでしょうか？「失われた二十五年」に対して、無駄な日々であったことを心から詫びているのでしょうか？

　全く違いますよね。むしろ「私は二十五年間、一筋に打ち込んで研究を続けてきたのだ！」と、堂々と世間に対して自らの態度を表明していることは理解できると思います。強調されているのは「どうにかこうにか二十五年も続けることができた」という継続性です。「決して平坦な道ではなかったが、こうやって苦労して続けてきたのです！」というニュアンスですよね。「へりくだりつつ、実は、自信たっぷり」というオトナの慇懃無礼さがよく出ていますね。

　ついでに、「馬齢を重ねる」＝「たいしたこともせず、無駄に年をとる」という表現も合わせて理解しておいて下さい。これも、自分の年齢をへりくだっていう場合に使われる言葉ですからね。決して無駄だなんて、思っていないですから！

したがって、BP$=3-\frac{12}{7}=\frac{9}{7}$
よって、△BPQ$=\frac{1}{2}\times\frac{12}{7}\times\frac{9}{7}=\frac{54}{49}$(cm^2)

次の図のように平行線に直線が交わるとき、平行線における同位角や錯角が等しいことから、相似な三角形が現れます。

l//mのとき、
△PAC∽△PBD

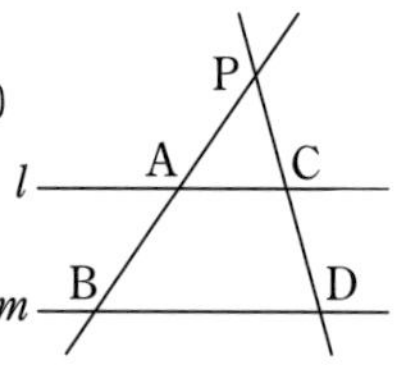

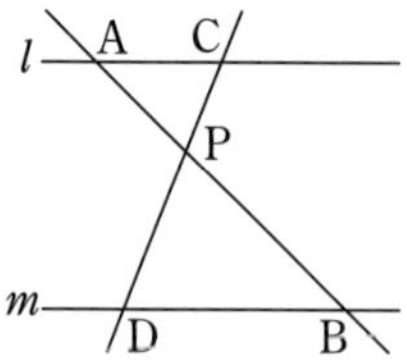

次の問題には平行線に現れる相似な三角形が関係しています。

問題2

右の図のようなAB=6cmの正方形ABCDがある。
辺AB上に点EをAE=4cmとなるようにとり、辺AD上に点FをAF=2cmとなるようにとる。
また、線分CF上に点GをBC//EGとなるようにとる。
このとき、線分EGの長さをもとめなさい。

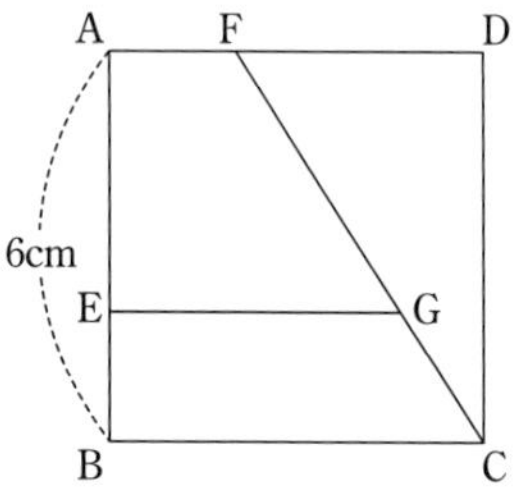

（神奈川県）

<解き方>

図のようにFを通りABに平行な直線を引き、EG、BCとの交点をそれぞれH、Iとすると、△FHG∽△FICであり、FH=AE=4cm、FI=AB=6cmより、その相似比は2：3です。

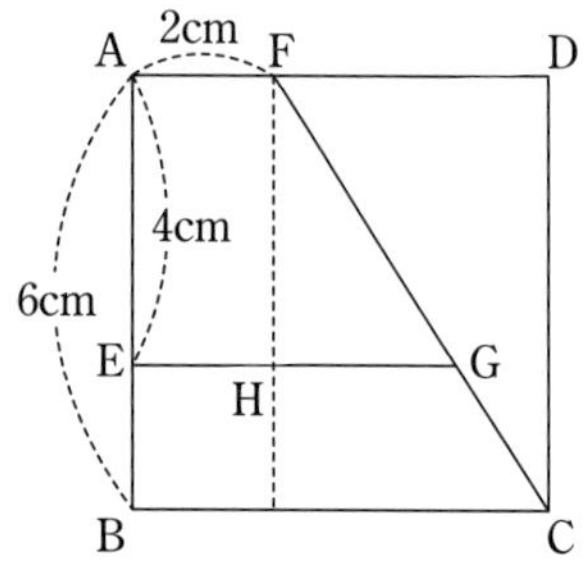

よって、HG$=\frac{2}{3}$IC$=\frac{2}{3}\times$(BC−BI)$=\frac{2}{3}\times4=\frac{8}{3}$(cm)
したがって、EG=EH+HG$=2+\frac{8}{3}=\frac{14}{3}$(cm)

上の問題のFIのような平行な補助線を引くことによって、平行線と線分の比に関して次のような性質がわかります。

右の図において、
l//m//nのとき、
① a：b=a′：b′
② a：a′=b：b′

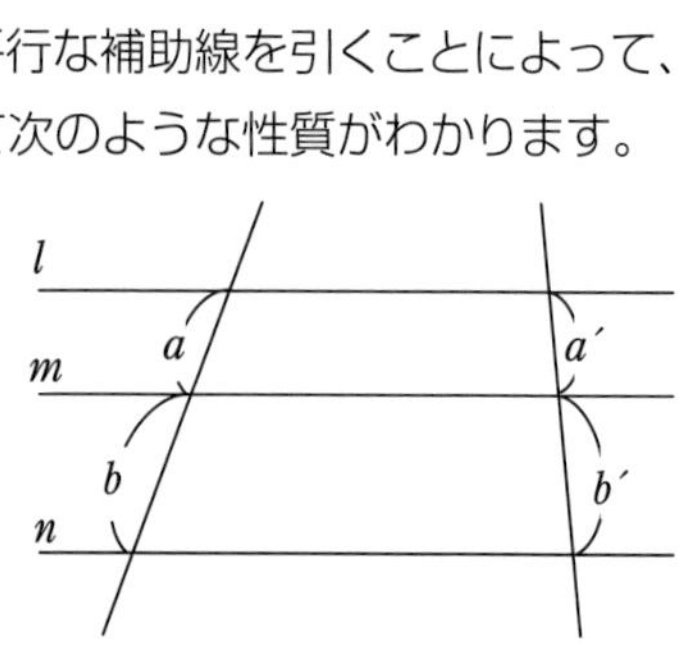

次の問題は、上の平行線の性質を利用するものです。

問題2

右の図で、四角形ABCDは平行四辺形である。点E、F、G、Hはそれぞれ辺AB、BC、CD、DA上にある点で、AE：EB=BF：FC=CG：GD=DH：HA=2：3である。点Eをそれぞれ結び、線分AFと線分DEとの交点をP、線分AFと線分BGとの交点をQ、線分BGと線分CHとの交点をR、線分CHと線分DEとの交点をSとする。

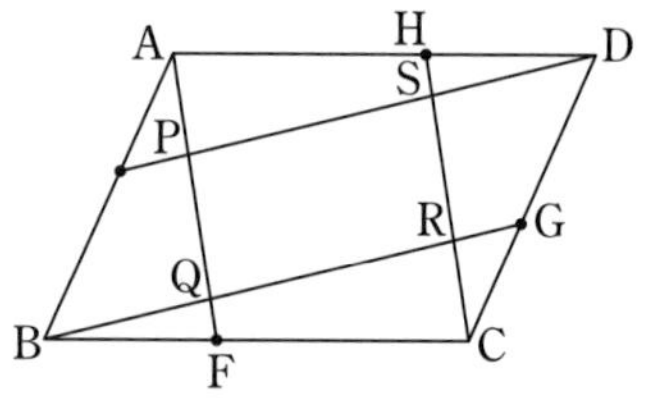

（都立・戸山）

(1)　四角形PQRSが平行四辺形であることを証明せよ。
(2)　四角形PQRSの面積は、四角形ABCDの面積の何分のいくつか。

<解き方>

(1)　四角形ABCDは平行四辺形だから、AH//FC
仮定より、AH$=\frac{3}{5}$AD$=\frac{3}{5}$BC=FC
１組の対辺が平行でその長さが等しいので、四角形AFCHは平行四辺形である。
よって、PQ//SR　……①
同様にして、EB//DGかつEB=DGより四角形EBGDは平行四辺形である。
よって、PS//QR　……②
①、②より、２組の対辺がそれぞれ平行となるから、四角形PQRSは平行四辺形である。

(2)　ED//BGより、AP：PQ=AE：EB=2：3　……③
△APD∽△HSDより、AP：HS=AD：HD=5：2
HS=QFだから、AP：QF=5：2　……④
③、④より、AP：PQ：QF=AP：$\frac{3}{2}$AP：$\frac{2}{5}$AP=1：$\frac{3}{2}$：$\frac{2}{5}$=10：15：4
ゆえに、AF：PQ=29：15
高さの等しい平行四辺形の面積の比は底辺の長さの比と等しいので、
平行四辺形AFCH：平行四辺形PQRS=AF：PQ=29：15

また、仮定より、平行四辺形ABCD：平行四辺形AFCH=AD：AH=5：3
これらより、$\frac{\text{平行四辺形PQRS}}{\text{平行四辺形ABCD}}=\frac{15}{29}\times\frac{3}{5}=\frac{9}{29}$

問題３のように、線分の比を利用して面積の比を求める問題はよく取り上げられますが、そのためには比の扱い方にも慣れておかなければいけませんね。

相似は、三平方の定理とともに、線分の長さや図形の面積、体積を求めていくときに必要不可欠な考え方です。また、関数や円との融合問題としても多く出題されますので、まずは基本をしっかり身につけた上で、多くの問題に取り組んで、いろいろな解法のパターンを身につけることがとても重要です。

数学

楽しみmath 数学！DX

相似な図形の基本をマスター！

登木 隆司先生
早稲田アカデミー 城北ブロック ブロック長
兼 池袋校校長

今月は相似な図形について学習していきましょう。

「2つの図形が相似である」というのは、一方の図形を拡大または縮小したものが他方の図形と合同であることをいい、記号「∽」を用いて表します。また、対応する線分の長さの比を「相似比」といいます。

相似な図形については、次の性質が成り立ちます。

① 対応する線分の長さの比は、すべて等しい。

② 対応する角の大きさは、それぞれ等しい。

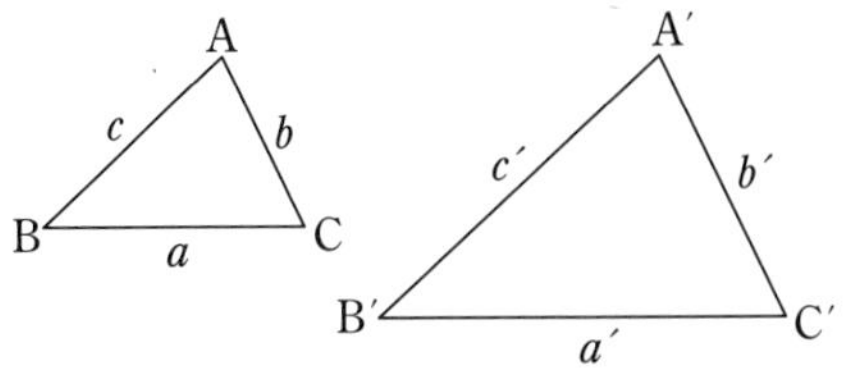

たとえば、右のように△ABC∽△A′B′C′であるとき、①より、$a:a'=b:b'=c:c'$
②より、∠A＝∠A′、∠B＝∠B′、∠C＝∠C′

また、2つの三角形は、次の条件を満たすときに相似になります。（三角形の相似条件）

① 3組の辺の比がすべて等しい
（上の図で、$a:a'=b:b'=c:c'$ のとき）

② 2組の辺の比とその間の角がそれぞれ等しい
（上の図で、$a:a'=b:b'$ かつ∠C＝∠C′ のときなど）

③ 2組の角がそれぞれ等しい
（上の図で、∠B＝∠B′かつ∠C＝∠C′ のときなど）

それでは、相似の比例式を利用した代表的な問題を見てみましょう。

問題1

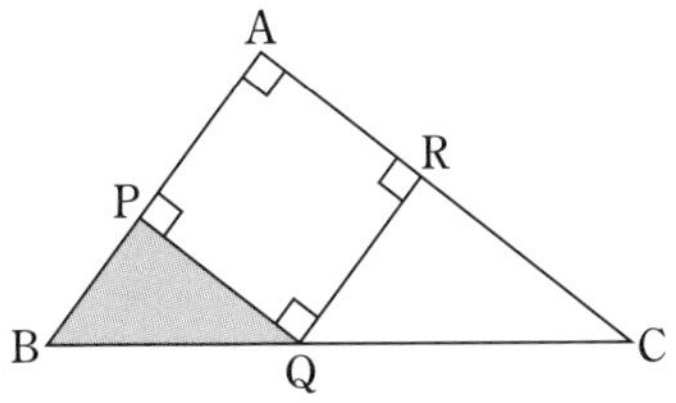

右の図のように、3辺の長さがAB＝3cm、BC＝5cm、CA＝4cmの直角三角形ABCがある。
このとき、辺AB、BC、CA上にそれぞれP、Q、Rをとり正方形APQRをつくる。斜線部分の三角形BPQの面積を求めなさい。 （福岡大学附属大濠）

<解き方>

△ABCと△PBQにおいて、∠BAC＝∠BPQ＝90°、∠ABC＝∠PBQだから、△ABC∽△PBQ

よって、正方形APQRの1辺の長さをx(cm) とすると、AB：PB＝AC：PQより、

$3:(3-x)=4:x$

が成り立ちます。これを解いて、$x=\frac{12}{7}$

英語

ニュースな言葉

2012 Summer Olympics

川村 宏一先生
早稲田アカデミー　教務部中学課　上席専門職

Though most tickets have been allocated, visitors can watch several events live by staking out a good spot on sidelines.

今回の英文は、ロンドンオリンピックを現地で観戦したい人に向けた、新聞の旅行情報です。開会式が間近に迫りましたが、オリンピックの種目によっては、試合のチケットがまだ手に入るようです。なかにはチケットを持っていなくても、街中で観戦できる種目があるということですが、それらはどこで見ることができるのでしょうか？

英文の前半部分ですが、現在完了形の表現「have＋動詞の過去分詞」が出てきています。ここで過去分詞に変化している動詞はbe動詞ですが、よく見てみると「be動詞＋過去分詞」の形になっており、全体では受動態の現在完了の文章になっています。一見複雑ですが、訳すときは受身形の文章を現在完了形の表現で表せばいいだけなので、あわてずに！

ここには'allocate'というあまり馴染みのない単語がありますが、これは「割り当てる」という意味です。オリンピックのチケットは抽選販売のため、この単語が使われています。

さて、現在完了形といえば、「継続」「完了・結果」「経験」の3パターンの表現がありますね。今回の例はどの用法で訳すのがいいでしょうか。ロンドンオリンピックの開催がこれからであること、まだチケットが完売されていない種目があり、チケットが売られている状況が続いていることから、「完了」ではなく「継続」の表現だと考えられます。したがって、前半部分は受動態に気をつけて訳すと、'Though most tickets have been allocated'（ほとんどのチケットが配られているが）となります。

そして後半部分には'visitors can watch several events live'（訪問者たちはいくつかのイベントライブを見られます）と書かれています。オリンピック観戦に備え、ロンドン市内も整備されているようです。イディオムの'staking out'が街中の様子を表しており、これは「くいを打って区画する」という意味の熟語です。「stake」は名詞として用いられる場合、先の尖った「くい、棒」を表し、動詞では「くいを打つ」という意味になります。

英文全体を整理して訳してみましょう。'Though most tickets have been allocated'（ほとんどのチケットが配られているけれど）／'visitors can watch several events live'（訪問者たちはいくつかのイベントライブを見られます）／'by staking out a good spot on sidelines.'（外側に区画されたよい場所から）

オリンピック開催に伴い、イギリス行きの航空券の値段は高くなっているようですが、無料で観戦できる種目もあり、計画を立てればいい場所で見ることができそうです。

基本の確認

現在形がある時点の出来事や動作など「点」の時間を表すのに対し、現在完了形は過去のある時点から現在まで「線」のように続いている出来事や状態を表すことができます。

現在完了形には「継続」「完了・結果」「経験」の3種類があり、区別が難しい場合もありますが、いっしょに使われる単語によって簡単に見分けられるケースもあります。

「継続」…過去に起こった出来事がいまも続いている（また未来も続くような）状況

「完了・結果」…過去のある時点から続いていた出来事や状況が終わっていまにいたっている状態

「経験」…いままでの経験を表す

世界の星を育てます

エクストラスタディで応用力養成・弱点克服します。
また、英語の多読多聴を導入し英語の力を伸ばしています。

学校説明会

第1回　9月22日（土）
10:00～
[明星の国際教育]

第2回　10月13日（土）
14:00～
[部活動相談]

第3回　11月17日（土）
15:00～
[生徒が作る説明会]

第4回　11月25日（日）
10:00～
[卒業生ディスカッション]

第5回　12月 2日（日）
10:00～
[入試問題傾向・問題解説]

※予約不要

オープンキャンパス

第1回　7月28日（土）
第2回　7月29日（日）
第3回　8月25日（土）
第4回　8月26日（日）

9:00～15:00

※予約不要
※ミニ説明会を行う予定です。

体験授業

8月25日（土）※要予約

体験入部

8月26日（日）※要予約

明星祭／受験相談室

9月29日（土）・30日（日）
9:00～15:00
※予約不要

学校見学

月～金　9：00～16：00
土　9：00～14：00
日曜・祝日はお休みです。
事前にご予約のうえ
ご来校ください。

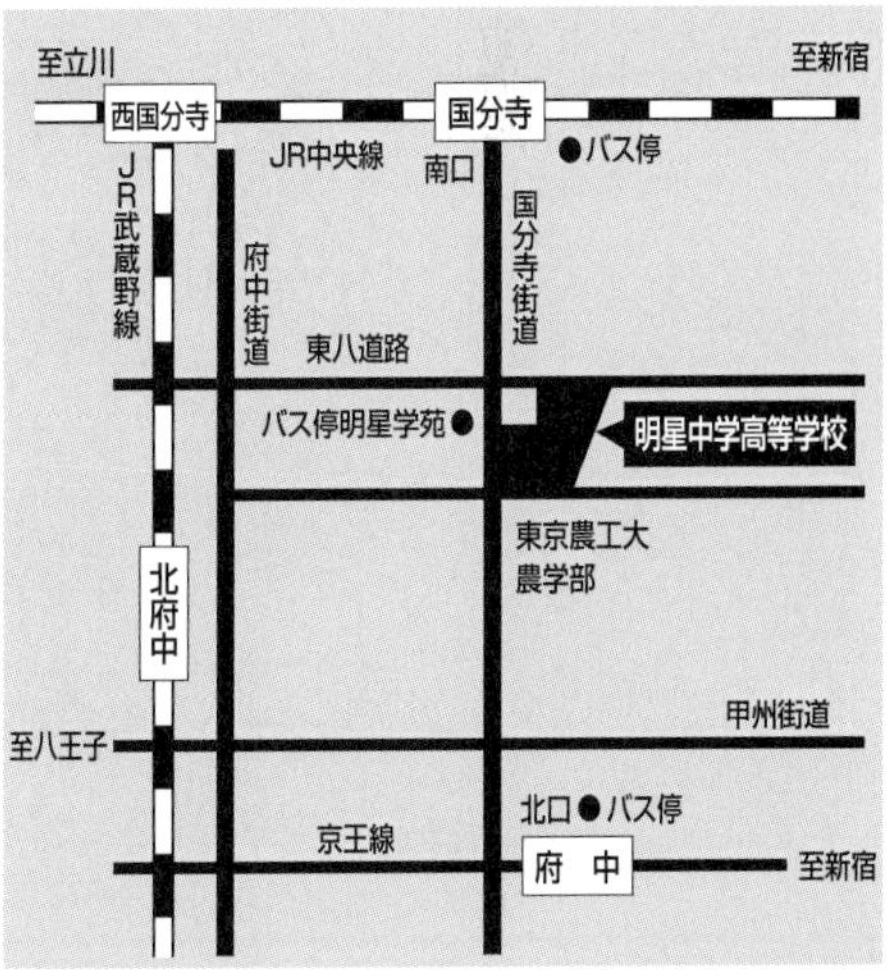

ご予約、お問い合わせは入学広報室まで　TEL.FAX.メールで どうぞ

明星高等学校

MEISEI

〒183-8531　東京都府中市栄町１－１　入学広報室
TEL 042-368-5201（直通）　FAX 042-368-5872（直通）
（ホームページ）　http://www.meisei.ac.jp/hs/
（E-mail）　pass@pr.meisei.ac.jp
交通／京王線「府中駅」
　ＪＲ中央線／西武線「国分寺駅」
　→より徒歩約 20 分、またはバス（両駅とも 2 番乗場）約 7 分「明星学苑」下車
　ＪＲ武蔵野線「北府中駅」より徒歩約15分

みんなの数学広場

問題編

答えは次のページ

TEXT BY かずはじめ

数学を子どもたちに、楽しく、わかりやすく、使ってもらえるように日夜研究している。好きな言葉は、"笑う門には福来る"。

初級～上級までの各問題に生徒たちが答えています。
どの生徒が正しい答えを言っているか当ててみよう。
もちろん、当てずっぽうじゃなく、実際に問題を解いてみてね。

上級

いつもの上級とは違います！
頭を柔らかくして答えてください。

ある社員が会社の仕事をやりたくないがために
「イヤよ」と何度も言ったら謝罪文を書くはめになった。
いったいこの社員は「イヤよ」を何回言ったの?

ヒント：謝罪文を数字で書くと?

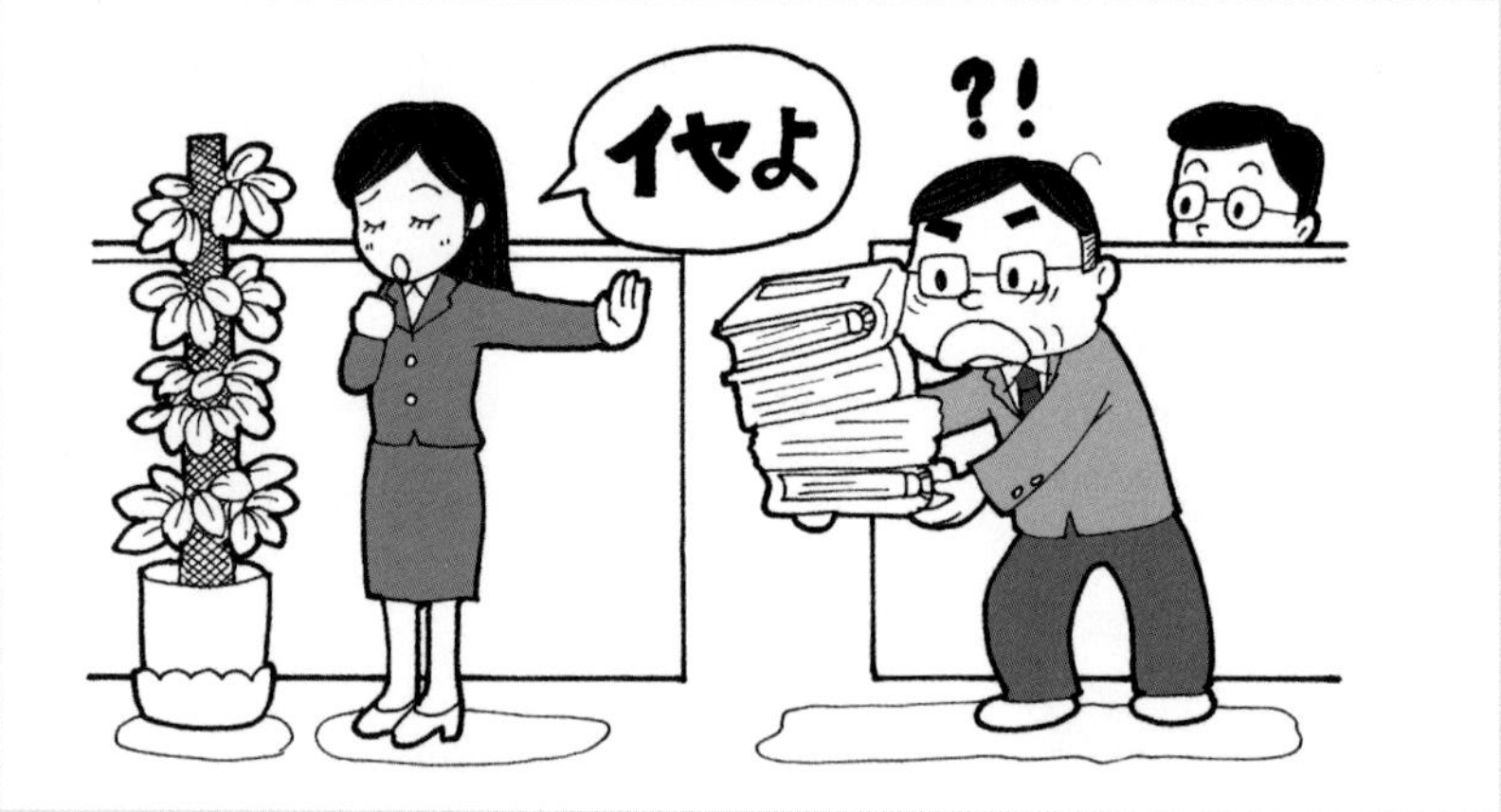

A

いつもと全然違う!?
sorryにするにはね。

答え
301回

B

なにこの問題!?
いい子になりますから。

答え
115回

C

これって数学ですか?
いやー、ごめん

答え
18回

中級

2012年は、閏《うるう》年です。
4年に一度やってくるこの閏年。
4年前の2008年を今年から見て1回前の閏年と数えることにして
3回前の閏年は西暦何年でしょうか？

A
2008、2004、2000でしょ！
答え
2000年

B
閏年には難しい法則があって2000年は入らないんだよ。
答え
1996年

C
地球の自転の問題で特別に1998年になったはず。
答え
1998年

初級

4+4−4−4=**0**
4÷4×4÷4=**1**
4÷4+4÷4=**2**
(4+4+4)÷4=**3**
4+4×(4−4)=**4**
(4×4+4)−4=**5**
4+(4+4)÷4=**6**

このように4を4つと+、−、×、÷を
組み合わせていろいろな数（多くは整数）を作る
パズルを何と言いますか？

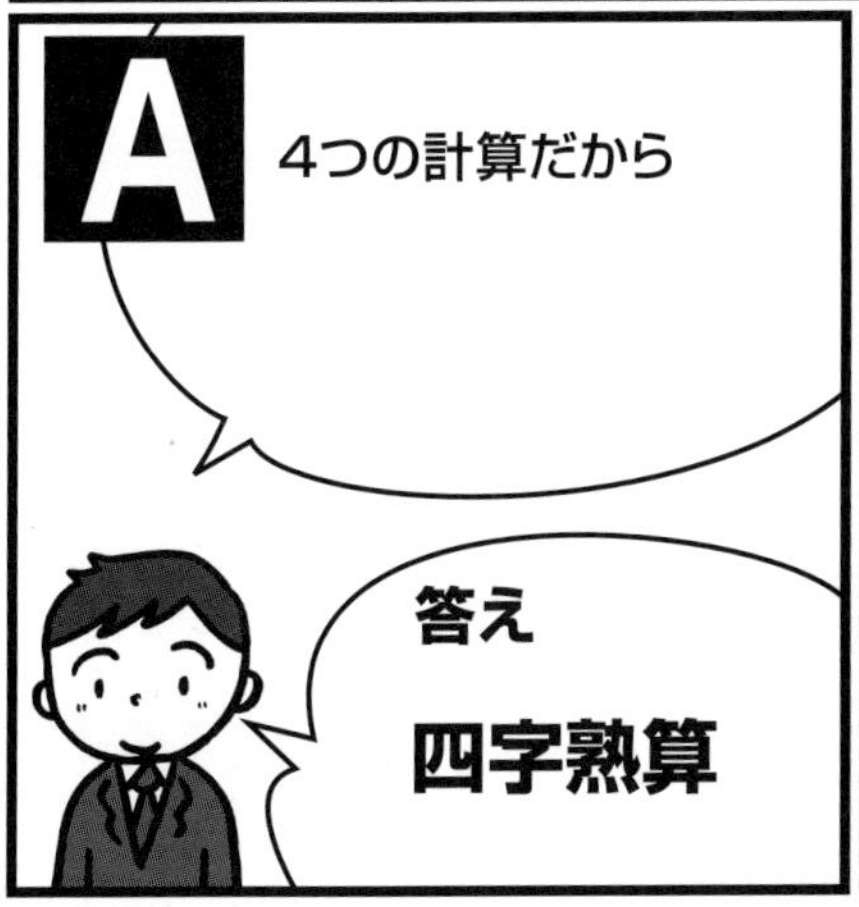
A
4つの計算だから
答え
四字熟算

B
4の複数形ですね。
答え
フォーズ

C
4が4つだから
答え
フォーフォーズ

みんなの数学広場

解答編

上級

正解は　答え **C**

184(イヤヨ)を18回言うと…
184×18=3312
「謝罪文」になるのです！

↙ ↓ ↘
3　31　2

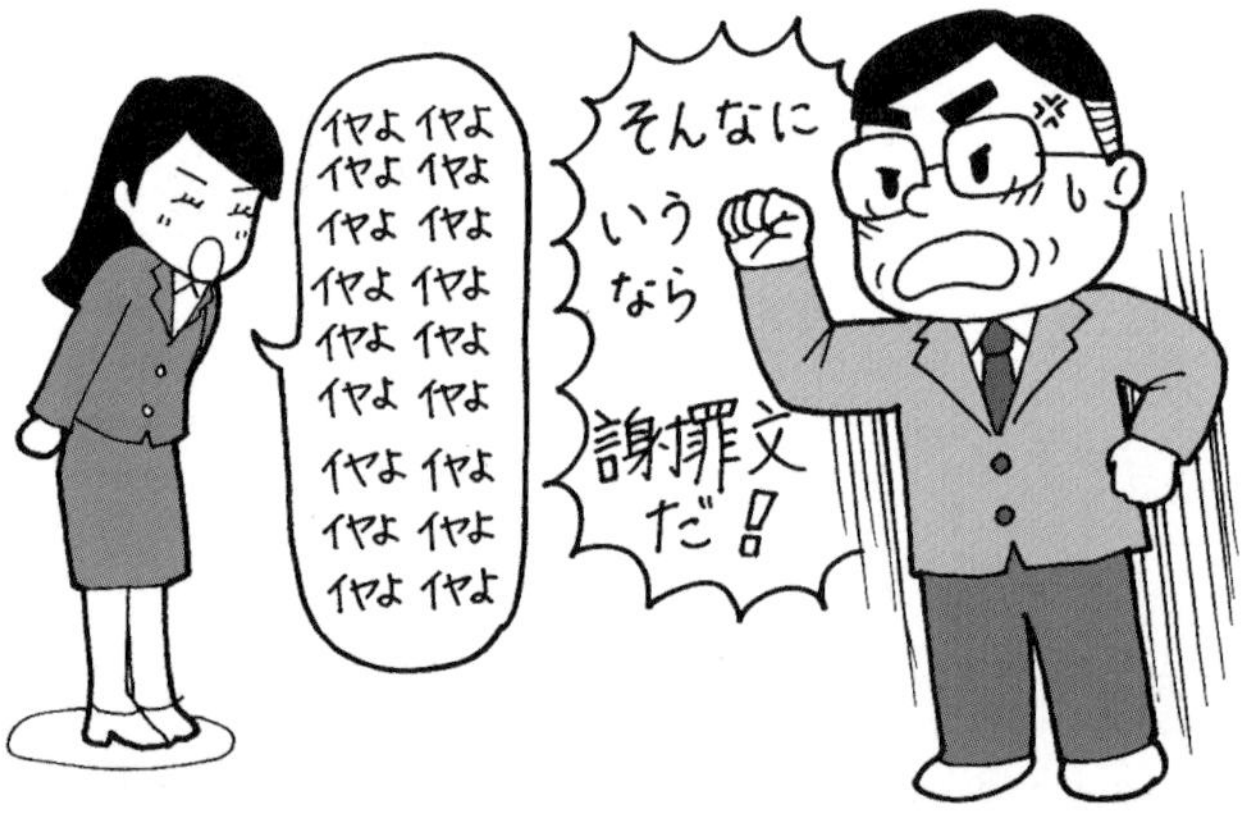

A

184×301=55384
謝罪文にはなってないね。

B

184×115=21160
どういう意味だろう?

C

中級

正解は → 答え **A**

閏年には規則があります。
①西暦年が4で割り切れる年は閏年
②ただし、西暦年が100で割り切れる年は平年とする（閏年ではない）
③ただし、西暦年が400で割り切れる年は閏年

ですから、2000年は4の倍数なので①により閏年なのですが、②により100で割り切れるため閏年にならないんです。しかし、③により400で割り切れるため、やはり閏年になるというなんとも複雑な年でした。

したがって、2012年からみて1回前の閏年は2008年、2回前は2004年、3回前は2000年になります。

2000年を平年と数えちゃったかな。

閏年は難しいけど、その特例はないなー。

初級

正解は → 答え **C**

Four Foursと言います。
問題では4を4つ組み合わせて0～6までを作りました。
この続き（7～）も考えてみてください！
頭の体操になりますよ。

四字熟算って四字熟語の友だち!?
違います！

響きは一番いいですけどね。
残念。

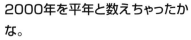

先輩に聞け!

大学ナビゲーター

早稲田大学

商学部3年

友枝《ともえだ》 紗暉《さき》さん

第一志望の早大に入学し充実した大学生活を満喫中

雑誌やマンガを扱っている出版社に就職したい

――なぜ早大を受験したのですか。

「中学校のときから、なんとなく早大がいいなと思っていました。高校3年生のときに、塾の先生が慶應大出身で、大学の話しを聞いているうちに、私は慶應大よりは、早大の校風の方があっていると思い、より好きになりました。また、熊本出身なので、上京したいということもありました。九州には魅力的な私立大がなく、早大に入学することだけを思いながら受験勉強をしていました

　熊本の受験生は基本的に国立大学をめざす人が多くて、東京の私立大をめざすことを友だちに話すと『ホントに?なに言ってるの?』って言われていました。」

――早大に入学してみてどうでした。

「入学してみて、友だちみんなが自分に合っていると思いましたね。入ってよかったです。しかも、早大生はくだらないことを真剣にやっている人が多くて、それがおもしろくて好きです」

――商学部ではどんなことを勉強しているのですか。

「1、2年生までは必修科目が多く、3年生になってゼミを選択することで自分の専攻が決まります。

　商学部の講義は、経営、会計、経済、金融、マーケティングなどがあります。私はそのなかで興味があったマーケティングのゼミを選択して専攻しています。

　ゼミでは化粧品会社や自動車会社のコンペに参加しプレゼンしました。化粧品会社のプレゼンでは、新商品を開発するために、市場はいまどんなものが流行っているのかなどを調べ、それに対してどんな商品を販売すればいいのかなど、3人1組で調べ発表しました。」

創立者･大隈重信像

――サークルには入っていますか。

「放送研究会というマスコミ系のサークルに入っています。400名くらいの学生が在籍している、かなり大きいサークルです。映像部、音響部、照明部、アナ

1 上京してきて

「熊本では、路面電車かバスに乗るくらいだったので、電車の路線の多さに驚きました。どれに乗ったらいいんだろうって(笑)。熊本の路面電車には自動改札もなかったので驚きました。」

2 得意教科

社会と国語と英語は好きでした。英語の問題はパズルみたいで、受験が近くなるにつれて点数もあがっていったので楽しかったですね。小学校のときから英会話を習っていて、暗唱大会で県の代表に選ばれたりしていました。いまは全然できないですけど(笑)。

社会は歴史が好きでした。学校では社会の先生に付きまとってなんでも聞いていました。

3 1人暮らし

大学から遠い場所にある寮に住んでいました。寮では洗濯が大変でしたね。私の部屋が4階で洗濯機が1階にあって、いちいち取りに行くのが面倒でした。自分の部屋にお風呂もついているのですが、ユニットバスだったので嫌でした。

それで今年の3月から学校に近いところで、念願の1人暮らしを始めました。寮にいたときは自動的にご飯が出てきていたのですが、1人暮らしになるとそれがないので大変です。

4 不得意教科

中学のころから数学が不得意で、どうにか頑張っていたのですが、高校に入ってから完全に向いてないなと思いました。

理科も物理と化学はだめでしたね。生物は大丈夫だと思ったのですが、染色体でつまずきましたね。

5 勉強方法

授業で習ったところは問題集を解いて、間違ったところはチェックを入れて、解き直していました。ほかに自分で「まとめノート」を作っていました。ルーズリーフにまとめた社会の用語集も作りました。それを試験当日の休み時間にトイレにも持ち込んで見ていました。

6 受験生へのアドバイス

「私は絶対早大に行くんだ」と言い聞かせて判定など気にせずに頑張っていました。

理由はどうであれ、自分が行きたい志望校を早く決めた方がやる気が出るのでいいですよ。模試の判定はまったく気にする必要はないです。でも、模試の復習は大事なので必ずしてください。

ウンス部、制作部などがあり、そのなかでアナウンスをやってみたくてアナウンス部に所属しました。

放送研究会は外部の団体からMCや映像の依頼があります。アナウンス部門では原宿のよさこいイベントや、早稲田祭のステージなどでアナウンスをします。

そして年に2回、6月と12月に独自に企画・立案をして、イベントを開催しています。私は1年生のイベントのときに、インターバルMCという、番組と番組の転換のときにお客さんが退屈しないようにする、場つなぎのMCをしました。

イベント以外にも夏は山梨で合宿、冬はスノーボードに行ったりもします。

個人的にも旅行が好きで熱海や伊豆の白浜、ゴールデンウィークには日光にも行きました。はとバスに乗って、マザー牧場にも行きました。次は富士サファリパークに行く計画を立てています。」

――アルバイトはなにかしていますか。

「いまは出版社で校正のアルバイトと、家の近くのカフェでウェイトレスをしています。このほかにもサークルを通じて、テレビ局からのアルバイトの依頼が来るので、たまにしています。」

――将来、就きたい職業はありますか。

「出版社に就職したいと思っています。もともと本を読むのが好きで、たまたま、出版の仕事が書いてある本を見て、おもしろそうだと思いました。雑誌やマンガが大好きなので、専門書系を出版している出版社ではなくて、雑誌やマンガを出版している出版社に就職したいです。」

放送研究会の仲間と

ミステリーハンターQの
歴男歴女養成講座

ミステリーハンターQ（略してMQ）

米テキサス州出身。某有名エジプト学者の弟子。1980年代より気鋭の考古学者として注目されつつあるが本名はだれも知らない。日本の歴史について探る画期的な著書『歴史を掘る』の発刊準備を進めている。

山本 勇

中学3年生。幼稚園のころにテレビの大河ドラマを見て、歴史にはまる。将来は大河ドラマに出たいと思っている。あこがれは織田信長。最近のマイブームは仏像鑑賞。好きな芸能人はみうらじゅん。

春日 静

中学1年生。カバンのなかにはつねに、読みかけの歴史小説が入っている根っからの歴女。あこがれは坂本龍馬。特技は年号の暗記のための語呂合わせを作ること。好きな芸能人は福山雅治。

関東大震災

地震・津波の恐ろしさを目の当たりにした東日本大震災から1年。日本は89年前にも関東大震災という大きな震災に見舞われた。

勇 東日本大震災から1年あまり、なかなか復興が進まないけど、このあいだ、東京直下型地震の可能性があるって新聞に出ていた。

MQ 東大地震研究所がまとめたものだね。4年以内に発生する確率が70％というショッキングな内容だ。

静 4年以内に70％なんて、ほぼ確実に大地震が起こるってこと？

勇 そういえば、89年前にも関東大震災があって、ものすごい被害が出たんでしょ。

MQ 1923年9月1日だね。相模湾を震源とするマグニチュード7・9の地震が関東を襲い、東京、横浜などの大都市では火災が発生、被災家屋は約70万戸、死者、行方不明者は10万人以上にのぼったんだ。

静 津波はなかったの？

MQ 神奈川県の一部では津波による死者も出た。東京は津波の被害はなかったけど、発生が正午前で、多くの家庭が食事の準備をしていたこともあって、火災による被害者が多かった。

勇 東日本大震災よりも死者が多かったんだね。

MQ 当時は多くが木造家屋だったから、火事には弱かった。それと首都を直撃したということもあって、政治、経済の機能がマヒし、混乱に拍車がかかってしまったんだ。そうしたなかで、朝鮮人が暴動を起こしたという噂が流れ、住民の組織した自警団や警察によって、殺された朝鮮人もいたんだ。

静 それってひどい。

MQ しかし、横浜の警察署では、署長が朝鮮人を保護したケースもある。

勇 政府のとった対策は？

MQ 避難所や仮設住宅を設置、8万人以上を収容した。じつは加藤友三郎首相が震災の8日前に急逝したため、内田康哉内相が臨時首相として職務を代行、2日になって第2次山本権兵衛内閣が発足したんだ。

静 海外からも援助があったんでしょ？

MQ 9月27日には帝都復興院ができて、復興計画を一元化し、総裁の後藤新平が東京の近代都市化政策を進めた。アメリカからは多額の義援金、大量の医薬品の提供もあり、前年まで日英同盟を結んでいたイギリスや隣国の中華民国からも多くの支援があったんだ。しかし、復興には巨額の予算が必要で、昭和に入ってからの世界恐慌もあって、日本経済は長い不況のトンネルをくぐることになったんだよ。

関東大震災では浅草の花やしきも全焼。ゾウなどの動物も避難した。当時のランドマーク浅草陵雲閣も半壊となった

教えて！マナビー先生

プロフィール

日本の某大学院を卒業後海外で研究者として働いていたが、和食が恋しくなり帰国。しかし科学に関する本を読んでいると食事をすることすら忘れてしまうという、自他ともに認める“科学オタク”。

世界の先端技術

免震ビル

地震の揺れを抑え被害を減らすビル

地震の揺れと固有周期

地震の揺れにはさまざまな周期の波が混在している。建物は、その材質や高さによって揺れが大きくなる周期がそれぞれ違う（固有周期）。「免震ビル」はビル全体がゆっくり揺れる構造になっている。下表は固有周期（建物が最も揺れる周期）。

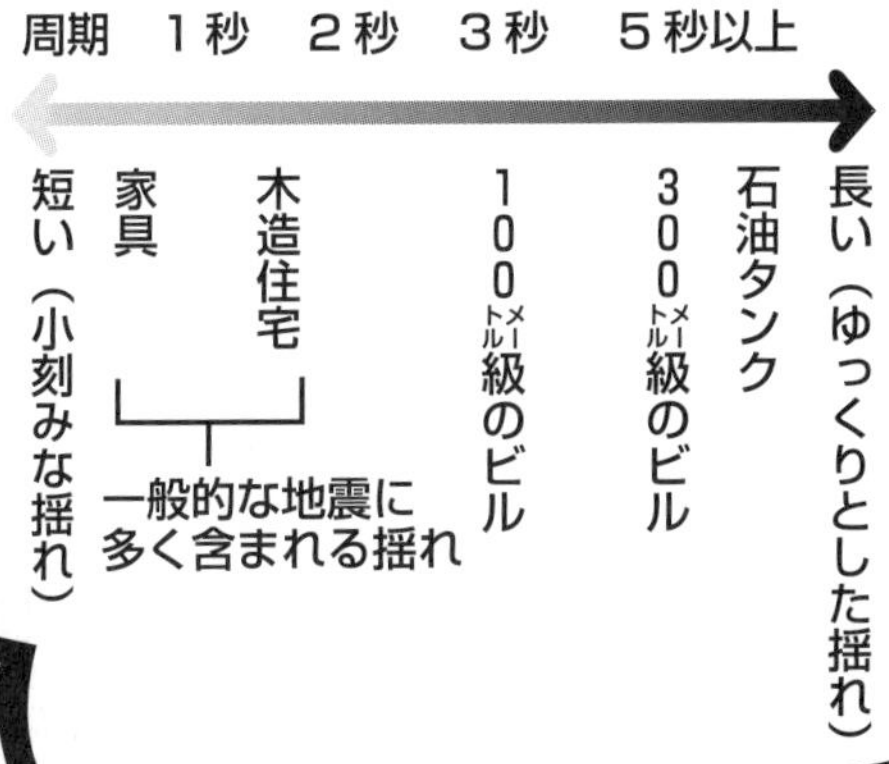

地震は嫌だね。近ごろは技術が進んで、実際の地震が来る少し前に警報が伝わるシステムができて地震に対して落ち着いて対応できるようになってきたけれど、やっぱり地震は怖い。

地震は地下のプレートのずれや火山活動による振動が伝わって起きるものだ。地震の波の強さや周期によりいろいろな被害が発生する。そこで地震の波の強さや周期をうまくコントロールできれば、地震の影響を少なくし、被害を防ぐことができるのではないかと考えて作られたのが免震ビルだ。

免震ビルについては、1995年の阪神淡路大震災以前から研究開発が進んでいた。阪神淡路大震災時にその有用性が証明され、新しいビルの多くに免震構造が取り入れられてきた。昨年の東日本大震災でも、地震の揺れを３分の１に抑えたという結果が報告されているから、本当に効果がある。

では、免震ビルはどんな方法で地震の波を受け止めたり、構造物に振動を伝えない仕組みになっているのだろうか。その考え方には「免震」と「制震」がある。

「免震」は、地震の揺れを直接伝えないようにするというもの。地震の波の多くが横揺れだ。地面が横に動くにつれて、構造物も横に動く。高層ビルの場合は、上層階は少し遅れて、むちのようにしなって動き、揺れが大きくなる。地面と直接つながっているから、地震の波が伝わってしまうのだ。免震装置には、地面と構造物の間に薄いゴム板と銅版を何重にも積み重ねた、積層ゴムのダンパーなどが使われている。地震で揺れると積層ゴム部が変形し、構造物に直接振動が伝わらないようになっている。

上層階の揺れを抑える仕組みが「制震」だ。揺れようとする動きを減らす働きをする。これには大きな重りのようなものが使われる。アイデアとしては、自分で揺れを起こし、地震による揺れの逆方向に揺らし、揺れを抑えてしまうわけだ。おもしろいね。

今回の東日本大震災で有名になった言葉に「長周期振動」という言葉がある。想定されていた振動よりゆっくりとした振動が長く続く現象だ。従来の免震構造だと逆に振動が増えてしまう欠点が指摘され、すでに長期振動に対する免震装置や制振装置の研究が始まっているよ。

頭をよくする健康

by FUMIYO
ナースでありママであり、いつも元気なFUMIYOがみなさんを元気にします!

今月のテーマ　食中毒

ハロー！　FUMIYOです。4月からの新しい生活リズムには、もう慣れたかな？　いまよりも、もっとみんなの頭をよくするためには、睡眠と栄養が不可欠！　そう、栄養が入らないと頭は働きません。なかでも、午前中から頭を働かせるためには、朝食が大事。でも、朝は通学時間などで朝ごはんはちょっと…というみんなも、ランチはいただきますよね。とくにお弁当の人は、中身が毎回気になるところ。なにが入っているかな〜っ？　てね。でも最近は、塾で夕方のお弁当の人もいるのかな？

母親になってお弁当を作ってみると、献立を考えるのって結構大変なの。なぜなら、子どもの好みだけではなく、これからの季節、暖かくなって湿度が高くなると気をつけないといけないことがあるんです。それは、食中毒です。

食中毒には、細菌性、自然毒性などいくつか種類がありますが、家庭で作るお弁当や食事などでは、おもに細菌によって食中毒を起こします。

細菌性食中毒とは、食事のときに、いっしょに入ってきた細菌や細菌による毒素によって急性の中毒症状を起こす病気のことを言います。食中毒の症状は、腹痛・嘔吐・下痢・発熱など。消化器症状が中心となり現れます。これからの時期、急にお腹が痛くなったり、気持ち悪くなったときは、「もしかしたらなにか悪いものを食べたのかも」と考えてみましょう。症状の早期発見につながるかもしれません。

食中毒の予防については、以下の3つのポイントに注意しましょう。

1　菌を付けない！（清潔にしましょう）

2　菌を増やさない！（すばやく冷蔵庫で冷やしましょう。また乾燥させるのも効果的）

3　菌を殺す！（殺菌、加熱しましょう）

お家のお弁当で気をつけることは、「お弁当箱の消毒、殺菌」「水分を残さない」「昨日のおかずを入れるときは、保管は冷蔵庫で」「こまめに手指の消毒」など。お弁当を作ってもらう際は、お母さんに気をつけてもらいましょう。いつもの生活のなかでちょっと気を配ることによって予防ができます。

①愛情たっぷり　②栄養ばっちり　③細菌きっぱりの頭のよくなるお弁当をしっかりいただきましょう！　そして、もう1つ、お弁当を作ってくれたかたに、「おいしかったよ！」のひと言を忘れずに。このひと言が、作ってくれたかたへの励みになりますからね。もしかしたら、ありがとうって伝えた次の日には、大好きなおかずが1品入っているかも!?（笑）

Q1　**食中毒を引き起こすウイルスは次のうちどれでしょう。**

①ノロウイルス　②アデノウイルス　③ロタウイルス

正解は①

冬の時期に発生する食中毒の代表的なウイルスです。牡蠣や魚介類が原因で引き起こされます。症状は突然の激しい吐き気や嘔吐、下痢、発熱です。このウイルスは症状が落ち着いても1週間前後、排便時にウイルスが排出されるので、冬場も予防の3つのポイントに注意してくださいね。ちなみに②は流行性結膜炎や肺炎などを引き起こすウイルス、③は冬場に見られる乳幼児下痢症の原因ウイルスです。

Q2　**食中毒を引き起こす、熱に強い細菌は次のうちどれでしょう。**

①腸炎ビブリオ　②サルモネラ菌　③ボツリヌス菌

正解は③

ボツリヌス菌は、動物の腸管や自然界に広く生息して、空気のないところで増殖、芽胞を作り、とても毒性の強いボツリヌス毒素を出します。消化器症状のほか、全身麻痺や意識障害の症状が見られます。毒性を無害にするためには、80℃で20分以上の加熱が必要と言われています。

①、②の菌は通常の加熱で死滅します。

第29回

あれも日本語　これも日本語

「いらっしゃいませ、こんにちは」

ファストフードの店などに行くと、「いらっしゃませ、こんにちは」とあいさつされることがよくある。こうした店では、お客さんが来店したときには、にこやかに、このようにあいさつすることがマニュアルで決められているそうだ。

お店に入っても、なんのあいさつもない店もあるから、にこやかにあいさつしてもらうと気分がいいよね。でも、このあいさつはちょっと変なんだ。なにが変かというと、「いらっしゃませ」と「こんにちは」は同じ敬語でも種類が違うから、まとめられると、強い違和感が生じるんだ。

まず、「いらっしゃませ」から考えてみよう。「いらっしゃる」は「いる」と「行く・来る」の尊敬語。「先生は、日曜日にはご自宅にいらっしゃいますか」は「自宅にいますか」の尊敬語。「先生は毎朝、学校にいらっしゃる」は「毎朝学校に行く（来る）」の尊敬語だ。「いらっしゃいませ」の場合は「来る」の意味で使われているね。

「ませ」は丁寧語の「ます」の命令形。したがって、「いらっしゃいませ」を普通語で言うと「来なさい」、極端に言うと「来い」となる。お客さんに、「店内に入って来なさい」という意味の言葉を丁寧に話しているのだ。

それに対して「こんにちは」は「こんにちはご機嫌いかがですか」の略で、日中に普通にあいさつをする言葉。丁寧語ではあるが、尊敬語でも謙譲語でもなく、相手とは対等な表現なのだ。対等だから、「こんにちは」とあいさつされれば、「こんにちは」と返すことになり、それでなんの問題もない。

しかし、「いらっしゃいませ」は尊敬語だから、「いらっしゃいませ」と言われて、「いらっしゃいました」とは言わない。対等ではないのだ。

とすると、「いらっしゃいませ、こんにちは」は尊敬語と対等な丁寧語が同居してしまっていることになり、敬語の使い方としては、厳密には間違っていることになる。現実には、多くの人が使っているし、それが問題になっているわけでもないが、文法的には適切ではないといえる。「いらっしゃませ」と「こんにちは」は分けて使った方がいいかもしれないね。

サクニュー!!
ニュースを入手しろ!!

産経新聞
編集委員 大野敏明

今月のキーワード

ロンドンオリンピック 検索

４年に１度のスポーツの祭典、オリンピックが７月27日からイギリスのロンドンで開催されます。

フランスのクーベルタン男爵が近代オリンピックを提唱、1896年に古代オリンピック発祥の地、ギリシャのアテネで第１回近代オリンピックが開催されてから116年、ロンドンオリンピックは第30回の記念すべき大会でもあります。

30回大会の開催地にはロンドンのほか、パリ（フランス）、マドリード（スペイン）、ニューヨーク（アメリカ）、モスクワ（ロシア）が名乗りをあげましたが、４回行われた投票の結果、ロンドンに決まりました。

ロンドンでは1908年の第５回大会、第二次世界大戦直後の1948年の第14回大会が開かれた過去があり、今回はオリンピック史上初の同一開催地３回目の大会となります。

参加国・地域数は、前回の北京大会同様、204カ国・地域が予定されています。

しかし、競技数は、野球とソフトボールが除外されたことから、26競技となり、北京大会よりも２種目少なくなりました。

開会式は７月27日ですが、その２日前の25日から競技が始まります。それはサッカーで、金メダル候補といわれるなでしこジャパンも開会式前に予選が行われる予定です。

なでしこジャパンをはじめ、日本からは多くの選手が出場しますが、体操の内村航平選手、山室光史選手、ハンマー投げの室伏広治選手、女子レスリングの吉田沙保里、伊調馨、小原日登美、浜口京子の各選手に金メダルの期待がかかります。

とくに女子レスリングの吉田、伊調の２選手はアテネ、北京に続くオリンピック３連覇がかかっています。

古代五輪の舞台、オリンピア遺跡で行われたロンドン五輪の聖火採火式（ギリシャ・オリンピア）EPA＝時事　撮影日:2012-05-10

３連覇といえば、水泳平泳ぎの北島康介選手もそうです。同じく水泳背泳ぎの入江陵介選手の活躍も楽しみです。

このほか、女子マラソン、日本のお家芸である男女柔道も多くのメダルが期待できそうです。卓球の福原愛選手にも注目が集まります。また、馬術の法《ほ》華《け》津《つ》寛選手は71歳で、日本選手団の最年長です。

前回の北京オリンピックで日本は、金メダル９個、銀メダル６個、銅メダル10個の成績でしたが、ロンドンではそれ以上の成果をあげてほしいと思います。みなさんも応援しましょう。

次回31回大会はブラジルのリオデジャネイロで開催される予定です。

高校受験 ここが知りたい Q&A

Question
好きな教科の勉強ばかりで苦手教科がはかどりません

英語や社会が好きで数学や理科が苦手です。普段の勉強で、どうしても好きな教科ばかりやり、嫌いな教科はあまり手をつけられません。ですから、成績のバランスがよくないのです。どうしたらいいですか。

（横浜市・中2・S.A）

Answer
苦手教科の授業を大切にし学習計画を立てて勉強に望みましょう

ご相談者の「普段の勉強」というのは、家での学習のことだろうと思います。自分で勉強しようとするとき、得意な教科、好きな教科からやってしまうことは、だれにでもあることです。

そのこと自体は、けっして悪いことではないですが、やはりそれだと、結果として苦手教科や嫌いな教科の実力がつかず、成績にもムラが出てしまいます。

そこで、苦手教科にどう取り組むか。1つは、苦手教科こそ学校や塾の授業を大切にして、しっかりと授業を受けることを意識することが大切です。その努力を続ければ、きっと苦手意識も徐々になくなっていきます。

次に、家庭学習においては、大まかでいいので学習計画を立て、なにをどのように勉強するかを前もって決めておくことがバランスよい学習につながります。この際、学習の内容や教材・分量をできるだけ具体的にしておきましょう。「数学の方程式を問題集で5題」といった具合です。

最初は、少し面倒に感じるかもしれませんが、やるべきことを紙に書き出しておいて、終わったらチェックしていくことで達成感が感じられるものです。これを継続すれば、少しずつ成績もあがるはずです。ぜひ、試してみてください。

今月の1冊

サクセス書評

7月号

『はじける知恵
中学生までに読んでおきたい哲学⑧』

編／松田 哲夫
刊行／あすなろ書房
価格／1800円＋税

『はじける知恵　中学生までに読んでおきたい哲学⑧』

「知識」と「知恵」はどう違う？考えることの大切さが詰まった本

いきなりサブタイトルに「中学生までに読んでおきたい哲学」とあるので、ちょっと手をつけがたいイメージを持つかもしれないけど、そんなことはないのでご安心を。

この本は、昭和の時代に活躍した作家、文筆家、女優など19人が「言葉」や「知恵」、「幸せ」といったテーマについて書いた短い文章を集めたものだ。

正直、みんなにとっては「だれ？」という感じで知らない人の数の方が多いかもしれない。でも、それぞれの分野で一流だった人ばかりなので、少し読んでみれば「こんな考え方があったのか」と思わされる文章ばかり。

例えば、動物行動学者の日高敏隆が書いた「『なぜ』をあたため続けよう」。彼は日本動物行動学会を創立した人物で、生物の「行動」の「なぜ」を問い続けた。当時は大学でも生物の行動の理由など考えるな、と言われたそうだが、彼自身は、それでも「なぜ」を考えないことには始まらないだろうとずっと思っていたそうだ。そのため異端視され続けたが、いまは日本でも動物行動学は地位を得ている。だから、「自分の思った道を粛々と行けばいい」と書いている。人はどうしても周りの考えに流されてしまいがちだ。

この本にある19編は、自分の考えを持つこと、つまり、「知識」として知ったことを自分なりに考えて「知恵」とすることの大切さを教えてくれる。

また、この本は難しい言葉や、いまはあまり使われていないような言葉遣いも出てくるのだけれど、中学生のみんなでも読めるように、下に言葉の解説が書かれている。だから、言葉の勉強にもなるんだ。

さらに、それぞれが短い文章ながら、しっかりと「起承転結」がつけられているので、これから高校受験に向けて作文や小論文が必要なみんなにとっては、文章の書き方の参考にもなるんじゃないかな。

文章の内容も興味深いし、おまけに言葉や文章の勉強にもなる、とてもぜいたくな1冊だ。

サクセスシネマ
vol.29

こんなおばけなら こわくない!?

花田少年史

2006年/日本/松竹/監督:水田伸生/
原作:一色まこと

「花田少年史　幽霊と秘密のトンネル」
DVD発売中　5,040円(税込)
発売元:バップ

笑って泣けるオバケ映画

笑って泣けて、ちょっとゾクゾクッ。これだけたくさんの要素を楽しめる映画はなかなかないのではないでしょうか。

おばけ映画なのに笑える理由の1つは、主人公の花田少年の滑稽でわんぱくなキャラクターにあります。『ALWAYS三丁目の夕日』で日本中の涙を誘った古行淳之介役を演じた実力派子役の須賀健太が、今度はガキ大将タイプのわんぱくキャラクターに挑戦。見事に人間と幽霊の橋渡し役を演じています。

おばけ映画ですので、もちろん、幽霊たちも登場しますが、コメディタッチで恐怖感が緩和されています。怨念を持ち成仏しきれない幽霊もいれば、不慮の事故で命を落としながらも生の社会に生きる者を温かく見守る人情味ある幽霊もおり、その死に様、生前の生き様が死後の世界を大きく左右する様子を見てとれます。

そして、泣ける理由は…。本作をご覧になっていただければおわかりになるはず。原作は一色まことの漫画で、1995年に講談社漫画賞を受賞、テレビアニメ化もされました。

ゴーストバスターズ

1984年/アメリカ/コロムビア映画/
監督:アイヴァン・ライトマン

Blu-ray「ゴーストバスターズ」
好評発売中　2,500円(税込)
発売・販売元:㈱ソニー・ピクチャーズ エンタテインメント

世界中で大ヒットの幽霊退治人

1984年に大ヒットを記録。こちらも大ヒットとなった軽快なテーマソングと併せて、当時、世界中でブームとなったSFゴーストコメディ。ストーリーはその名の通り、「幽霊（=ゴースト）」を「退治する人たち（=バスターズ）」のお話です。

コロンビア大学の教授職をクビになり、幽霊退治の会社を設立した3人の男たち。女性好きのピーター、愉快なレイモンド、クールなイーガンは最初の仕事を見事に成功させ、商売は瞬く間に繁盛します。ところが、彼らの手に負えない悪の権《ごん》化《げ》が登場し、ニューヨークはパニックに陥ります。果たして、彼らは街を救うことができるのでしょうか。

ゴーストバスターズの個性あふれるキャラクターは、人々の心をグッとつかみました。武器を装備した幽霊退治服などのコスプレや、幽霊退治車などのキャラクター商品も数多く流行したほど。赤丸の禁止マークからゴーストが飛び出しているイラストをご存じのかたも多いでしょう。笑いのエッセンスもたっぷり入っていて、製作から30年近く経ったいまなお、楽しく鑑賞できる1本です。

ふたり

1991年/日本/松竹/監督:大林宣彦

「ふたり」デラックス版
DVD発売中　4,935円(税込)
発売・販売元:ジェネオン・ユニバーサル・エンターテイメント

幽霊と人間の深い姉妹愛

赤川次郎原作の幽霊小説を、大林宣彦監督が原作に忠実に映画化。

賢明でしっかり者の姉・千津子（=中嶋朋子）を不慮の事故で失ってからというもの、家族は心身のバランスを崩していきます。家を空けがちになる父、精神を患う母、だらしない生活に浸かる妹・実加（=石田ひかり）。そんななか、家族を心配した姉の幽霊が、妹のところに姿を見せるようになります。妹は驚くこともなく、その幽霊をすんなりと受け入れ、日々の生活をともにします。すると、いままで完璧に見えていた姉にも大きな悩みや葛藤があったことに気付きます。

家族は姉の死から立ち直り、再び自分たちの生きる道を自分の足で歩むことができるのでしょうか。正反対の性格ながら、強いきずなで結ばれている姉妹愛が印象的に描かれています。

原作の小説は240万部を超える大ヒットを記録しました。主人公の実加を演じた石田ひかりは、これが映画デビューとなり、数々の新人賞を総なめにしました。また、本作は大林監督の「新・尾道三部作」の第1作とされています。

Success Ranking
サクセスランキング

早稲田大・慶應義塾大合格者ランキング

今号のサクセスランキングは早稲田大と慶應義塾大の高校別合格者数ランキングだ。早大の方が人数が多いのはもともとの定員が多いため。中高一貫校も多いけれど、公立高校を含め、高校受験を行っている学校も結構ランクインしている。みんなの行きたい高校は入っているかな？

早稲田大学

順位		学校名	人
1	○	開成	235人
2	◇	東京学芸大学附属	217人
3	○	海城	212人
4		西	209人
5	○	市川	205人
6		日比谷	201人
7		県立千葉	200人
8	○	麻布	194人
9		湘南	187人
10	○	渋谷教育学園幕張	183人
11		県立浦和	179人
12	○	城北	167人
13	○	女子学院	163人
14	○	聖光学院	162人
15	○	豊島岡女子学園	160人
16	○	開智	143人
17	○	芝	140人
18	○	桐朋	137人
19	○	桐蔭学園	133人
20	○	駒場東邦	131人

慶應義塾大学

順位		学校名	人
1	○	開成	157人
2	○	海城	151人
3	○	浅野	145人
4	○	渋谷教育学園幕張	136人
5	○	麻布	131人
6	◇	東京学芸大学附属	124人
6	○	聖光学院	124人
8		日比谷	121人
9		西	104人
10		県立千葉	101人
11	○	栄光学園	98人
12	○	駒場東邦	96人
13	○	豊島岡女子学園	90人
14	○	攻玉社	86人
15	○	桐朋	83人
16		湘南	78人
17		県立浦和	77人
18	○	城北	73人
19	○	芝	72人
20	○	市川	71人

※◇国立、○私立、無印は公立
※早大・慶應大の附属校および系属校は除いています。

受験情報

monthly topics 1

埼玉公立

来年度入試出題には移行措置の指導内容も

大幅な入試制度変更２年目を迎える埼玉県公立高校の来年度(平成25年度)入試における学力検査問題について、出題の基本方針等が以下のように発表された。

１　学力検査問題出題の基本方針

(1) 中学校における平素の学習を重んじ、中学校学習指導要領に基づいて出題する。

(2) 基礎的な知識および技能をみる問題とともに、思考力、判断力、表現力等の能力をみる問題の出題に配慮する。

(3) 各教科の目標に照らして、受検者の学力を十分に把握できるように、出題の内容、出題数に配慮するとともに、記述による解答を求めるよう配慮する。

２　学力検査の実施教科および出題範囲

(1) 実施教科　国語、社会、数学、理科、英語の５教科。

(2) 出題範囲　中学校学習指導要領に基づいて出題する。英語にはリスニングテストを含む。

◇

【編集部注】出題範囲には、新学習指導要領の「移行措置において指導するもの」として加えられた内容が含まれる。中学校「理科」の第１学年(平成21～23年度)、同第２学年(平成22・23年度)に示された「新課程」欄と、中学校「数学」第１学年(平成21～23年度)の一部で、具体的には埼玉県教育委員会高校教育指導科のHP→「平成25年度埼玉県公立高等学校入学者選抜に関する情報」で確認できる。

Column 69

Educational Column

15歳の考現学

中学生の議論から見えてきた学力を伸ばすための環境づくり

森上《もりがみ》 展安《のぶやす》

森上教育研究所所長。1953年、岡山県生まれ。
早稲田大学卒業。進学塾経営などを経て、1987年に「森上教育研究所」を設立。「受験」をキーワードに幅広く教育問題をあつかう。近著に『教育時論』（英潮社）や『入りやすくてお得な学校』『中学受験図鑑』（ともにダイヤモンド社）などがある。

人間的な成長があれば学力は伸びる

先日、筆者には大変うれしいことがありました。それはある高校受験のカリスマ教師の話でした。

その先生は、「その人が人間的に成長することができれば学力を伸ばすことは可能だ」とはっきりおっしゃったのです。

筆者の若いころに大阪に入江伸という、大変なカリスマ塾長がいて、灘高校に大勢の合格者を出しているかたでしたが、この人のモットーが「人間七分、学力三分」。その言葉に重なりました。

改めてそういう実践者の実感のある言葉をうかがい勇気づけられる思いがしたものでした。

さて、某日のNHKの9時のニュースで杉並区立和田中学で行われた被災地のガレキ処理討論を取りあげていました。

広い講堂を使ってグループごとにガレキの受け入れの是非を議論して賛否をとり、最終的に投票結果が示されました。ガレキ処理の受け入れ賛成が9に対して、反対が1であったように思います。 もちろん、その結果それ自体に意義があるのではなく、ニュースキャスターも、中学生が真剣に現実問題と向きあおうとしていること、また、その中学校の姿勢を評価しての報道であるとコメントしていました。

杉並区立和田中学という、いわば公立中学として先進的な取り組みを続けている学校が、社会の問題を真正面から受けて生徒に時間を与えて、かつメディアに公開する形で討論の場を設けた意義は大きいです。

いわゆる被災地のガレキ処理の問題は、東京都の知事が早々と受け入れを表明にしている一方で、神奈川県などは知事がその意向を表明していても地域住民が反対する、といった経緯になるところもあり、あるいははじめから受け入れられない、とした自治体もあります。

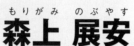

大人だって難しい問題で、まして今回のガレキ処理の場合は、放射能汚染という重いテーマが後ろに控えています。

しかし、公立学校の存在意義は、なんといっても普通市民として生きていくうえでの素養を身につけることなのですから、だれか一部の人が問題となるようなテーマよりも、ほとんどすべての日本国民の生活におよぶようなテーマの方がいいのは当然です。今回のテーマは避けて通れない問題ですし、この問題をきっかけとして普段の生活を見直す、つまり考えることにつながれば、それこそ普通市民の素養を身につけることになるはずです。

今回は、背後に放射能汚染という問題が控えているのですが、このほかに例えば放射能ではなくとも処理に伴う大気汚染の問題があります。

テレビ映像は1つのグループの討論を紹介していましたが、そのなかで女子中学生が困っている人を助ける、支援するという点に力点をおいてガレキ処理受け入れを是としたのに対して、男子中学生はその費用の点を問題に受け入れを否としていました。これはいささか男子生徒の方が分が悪いですね。確かに人道に対するのに費用が出せない、というだけの反論では説得力がいまひとつだったでしょう。

ここは人道という同じ立場に立って、では汚染の拡散による非人道的措置に対してどう反論できるのか、と問い返せばよかったですね。こうしたさまざまな論点や、論拠をグループごとの議論から全員が共有し、より議論を深めていく作法を学ぶことがより好ましいことでしょう。

ただなによりもグループの討論が格式ばらず、お互いに率直に語りあっている様子が映し出されていて、話しあいのマナーが保たれていることがなによりだと思いました。議論では、その場でこの女子中学生のように優勢になることが目的ではなく、お互いにさまざまな論点を持ちより、よりよい解決法を探ることが本来のテーマであるからです。

劣勢になった男子中学生が提出した費用の問題も非常に大切な現実的問題です。費用対効果をどのように指導するのかも大きなテーマであるはずです。

また、この場合、おそらくご家庭の保護者のかたの考えが大きく影響するでしょう。日ごろからなにげなくニュースの感想を話しあうなどすることがあれば、その生徒は、そうした備えがない生徒よりも発言の1つ2つもできるでしょうし、考えも進めることができるでしょう。

じつは学力というものもこうした現実的要請を肌で感じると考えを大きく深められるので、結果として伸びていくものです。つまり、冒頭で述べたような人間的な成長を促す機会が、このように与えられれば学力も伸びるものだということです。

とはいえ、大きな社会問題になればなるほど議論を避けたくなる風潮が、とりわけ公教育では大きいのも事実ですから、区立中学が果敢にこれに挑み、ＮＨＫというお堅いメディアが取りあげたことは、大いに価値があります。

世界のなかに生きる日本人として

それにしても放射能の問題はそれが見えないうえに、影響が長期に観察しないとわからないというやっかいなものです。

しかし、少なくとも次代を担う若年層や、隣人に対して悔いのないように対処しなくてはならないことも一方で自明なことです。

幸いサイエンスは普遍的であり、多くは英語で流通して英語ができれば、より広い、そして最も妥当な知見が得やすくなるという事情ははっきりしています。

筆者自身の理解したことでいえば、10年以上も前に経験した杉並病公害による化学物質過敏症という症状は、当時日本では認知されていませんでしたが、アメリカでは確定診断が受けられていました。いまではシックハウス、シックスクールなどが次第に理解され、厚生労働省でも去年、化学物質過敏症の病名が認められました。

また最近わかったことですが、こうした症状の原因物質としてトルエンジイソシアネートという化学物質が悪さをしていることが関係者の努力で明らかにされつつあります。

そのトルエンジイソシアネートという化学物質について日本にはまったく文献らしい文献がありませんが、イギリスにはこれについて見事な書籍が出されていることを研究者によって知らされました。

やはり日本語環境では情報をうまく取れないという現実も知っておくべきでしょう。

ましてガレキ処理の問題は、こと日本に住む人々のみに問われるものではなく、例えば太平洋の対岸に流れついていくものもあるでしょうし、汚染の経路がはっきりしなくなることで日本の農作物の被害（風評も含めて）が一部地域にとどまらなくなる恐れも出てきます。

いわば世界のなかで日本の1人ひとりの考え方、行動が注視されている問題なのです。日本語環境にあるからといって逃げ出すことはできません。

私立★INSIDE

2012年度東京私立高校入試結果　その2

東京都内私立高校の今春入試について、前号では触れられなかった学校を、前年度との志願者数、合格者数を比べながら、その動向を探ってみます。一般入試では全体的には厳しさが緩和した傾向にあります。（協力:新教育研究会）

東京都の私立高校の2012年度入試について、先月号では触れられなかった学校を入試動向を追ってみます。断りのない限り「一般入試」についてです。

易化した学校が多い

成城の入試は2年連続で合格者数を絞ったため実質倍率は1・36倍から1・75倍にアップ、最近の5年間で最も厳しい入試でした

本郷の入試は志望者が45人減って、合格者数を増やしたため実質倍率は2・47倍から1・70倍へと緩和、**本郷**の実質倍率1倍台は10年ぶりぐらいです。

東海大学付属高輪台は男子の志望者が減り、実質倍率も前年度の1・13倍から1・04倍となり緩やかな入試でした。女子の一般入試は受験者全員が合格しています。

前年度、校舎改築の影響で志望者が大幅に減少した**青稜**は、今年度は逆に併願優遇の志望者が男子約110人51%、女子約70人33%の大幅増。都内からの志望者が増加したとみられます。オープン入試の志望者（当日の学力試験のみの判定。神奈川からの受験者も多いとみられる）は減少しています。新校舎完成は2014年9月の予定です。

併設中学からの進学者が増え、高校募集が削減された**東京農業大学第一**は、前年度並みの志望者でした。実質倍率は、定員減のぶん合格者数が絞られてアップし前々年度並みの倍率に戻りました。

國學院大學久我山は志望者が、男子は約60人21・4%、女子は約50人29・5%とともに増えています。ただ、合格者数を多く出し、実質倍率は男子2・47倍から1・95倍へ、女子1・73倍から1・26倍へ緩和しました。

専修大学附属はほぼ前年度並みの志望者を集めましたが、やはり合格者を多くしたため、女子は実質倍率が1・1倍台まで下がりました。

日本大学豊山の一般入試では志望者数の隔年現象的な動きが見られ約50人18・2%の減となりました。ただ、合格者数を約50人絞ったため実質倍率は1・53倍から1・75倍へ上昇しました。

日本大学第二は定員を200人から180人と減らしましたが、男子の志望者数はA出願、B出願ともに

増加。これは、前年度、実質倍率ダウンの反動と思われます。

日本大学鶴ヶ丘は普通コースに併願優遇制度を5科23の基準値で導入しました。その影響で女子の志望者が約50人、前年比38・3%も増えました。男子も若干志望者は増えました。ただし、合格者も大幅に増やしたので、実質倍率は男子が1・59倍から1・14倍へ、女子は1・29倍から1・12倍へダウン、最近5年間で最も低い倍率でした。

日本大学第三も定員を180人から130人に減らしましたが、A志願(単願)、B志願(併願、フリー)ともに志願者が増加しました。B志願の合格者は志望者の増加ぶん増えており、その影響を受けた形でA志願の合格者が減って実質倍率が上がっています。

日本大学第一は前年度の志望者減、実質倍率ダウンの反動で、志望者は男女ともに増加しましたが、合格者数も増やしたために実質倍率は前年度より下がりました。

帝京大学は男子の志望者が50人、前年比22・8%の増となっています。ここも合格者を多く出したため実質倍率は1・31倍から1・28倍とほぼ変わっていません。女子も前年度並みの入試でした。

明治大学付属中野八王子は定員を120人から150人に募集を増やしました。しかし、前年度の一般入試で実質倍率が5・83倍と激戦となった反動からか、志望者数は約90人、前年比18・6%の減となりました。さらに合格者数を約40人増やして120人としたため、実質倍率は3・07倍まで下がり、最近5年間で最も低い倍率でした。

成蹊は志望者数に隔年現象が見られる学校のため志望者数が増加するのでは、とみられていましたが、増加したのは男子だけにとどまり(約30人、22・1%増)、女子はほぼ前年度並みでした。

桜美林、拓大一が好調

桜美林は入試制度の変更により大幅に志望者数が増加しています。推薦入試に導入した都外生対象のB推薦には335人の志願者が集まりました。また一般入試も2月12日の入試を新設。ここに236人志願し135人合格、実質倍率は1・46倍でした。

東京電機大学は推薦入試の適性検査を作文に変更。推薦志願者は前年度の22人から28人に増えています。一般入試も微増ですが、女子の合格者数を増やしたため実質倍率は1・19倍から1・08倍へダウン。最近の5年間で最も低い倍率となりました。

拓殖大学第一は一般Ⅱ期(2月12日)の志願者が約200人、前年比30・1%も増加しました。前年度に普通コース志望者も受験できるようにしたことから志願者が増加したようです。合格者数を若干増やしていますが、実質倍率は1・12倍から1・43倍にアップしています。また、一般Ⅰ期(2月10日)の受験棄権者が大幅に減少しました。前年度は応募者の26・3%が受験を棄権していましたが、今年度は4・4%に激減。併願優遇制度利用者が増加したものとみられます。

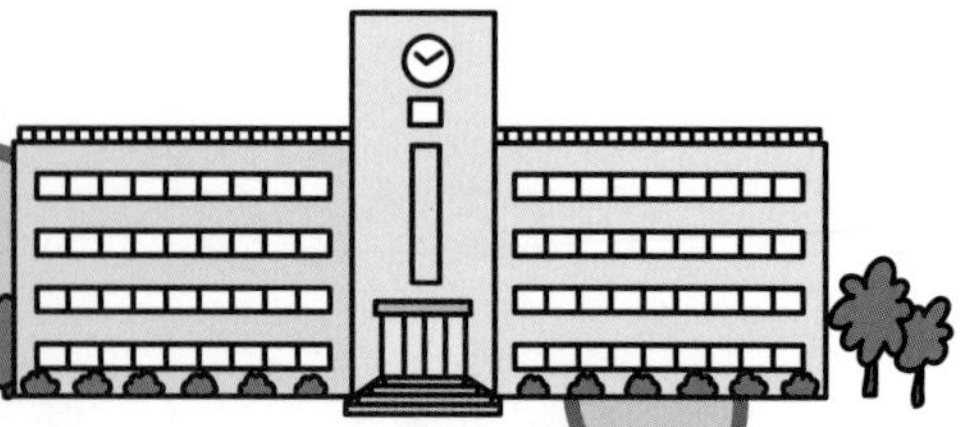

公立★CLOSE UP

2012年度 東京都立高校入試結果

安田教育研究所　副代表　平松享

今年は全日制一般入試の実質倍率が1.42倍と、現在の入試制度に変わった1994年以降で最高の値を記録、推薦入試を含め、志望校調査で都立を第1志望とした生徒の約4人に1人が不合格になる、厳しい戦いでした。

実質倍率過去最高 再び上昇、進学指導重点校の倍率

女子の合格率70％を割る

今春の都内公立中学校卒業予定者数は、昨年より２０００人（約２・９％）あまり増えて７万５６６８人に。都立高校では、普通科（学年制旧学区）の29校で、各校１学級ずつ、計29学級を増やして入試に臨みました。

しかし、都立志望者は、それ以上に増え、全日制一般入試の不合格者数は、男女計で１万２５６８人（産業技術高専を含む）と、過去最高だった一昨年とほぼ同じ人数にのぼりました。

実質倍率は１・42倍（男女計）で、一昨年の１・41倍を０・01ポイント上回りました。男女別には、女子が１・43倍と伸び、２年振りに男子を上回りました。

合格者数を受検者数で割った合格率では、女子が69・97％と、70％台を割り込みました。

チャレンジスクールなど、昼間定時制を加えた一般入試の不合格者数は合計で１万３７０２人で、志望校調査で都立を第１志望とした生徒の約４人に１人が一般入試（一次・分割前期）までに、合格を決めることができませんでした。

ただし、併願優遇制度の普及で、都立の一般入試の不合格者は、ほとんどが併願する私立に合格、進学した模様です。

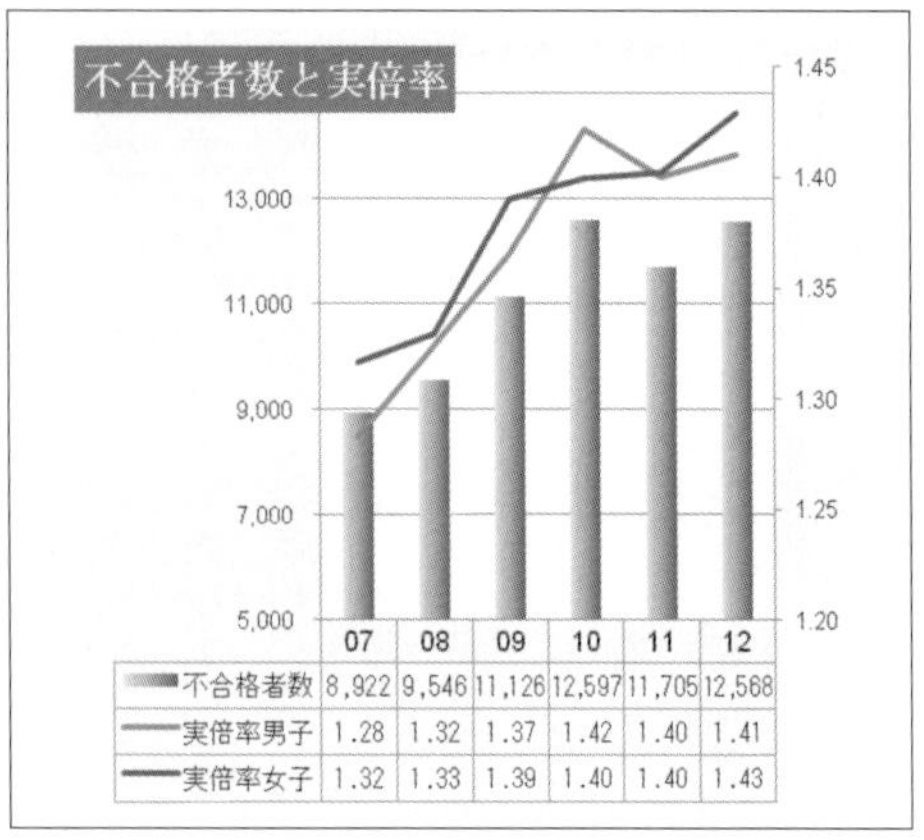

	07	08	09	10	11	12
不合格者数	8,922	9,546	11,126	12,597	11,705	12,568
実倍率男子	1.28	1.32	1.37	1.42	1.40	1.41
実倍率女子	1.32	1.33	1.39	1.40	1.40	1.43

推薦入試継続を決定

都立の推薦の募集枠は約１万人。全日制では、４人に１人が推薦で入学しています。

今年の応募倍率は２・89倍で、２年続けて低下。高倍率校が減っています。受検生に無理を避け、ムダを省く傾向が広がっているようです。

埼玉、千葉など周辺の県では、入試の一本化が進んでいますが、都立高校では、来年度以降も推薦入試を継続します。4月に開かれた教育委員会で正式に決定しています。その席では、推薦入試にはさまざまな課題があり、今後は本来の趣旨を活かした形に改善を進めることが決まりました。

その1つに、募集枠の問題があります。現在、推薦の募集人員は、全体の定員の20％（普通科）～50％（総合学科など）と、学科によって枠が決まっています。この枠をある程度制限する方向に変更される可能性があります。

また、多くの都立が、面接の結果と調査書の成績だけで合否を決めていますが、近年は上位の学校を中心に、「小論文または作文」の導入が進んでいます。この動きは来年度以降、さらに広がることが予想されます。

推薦倍率

学科	2010	2011	2012
普通科（男子）	3.08	3.09	2.87
普通科（女子）	3.99	3.91	3.81
普通科単位制	2.53	2.4	2.55
商業科	3.3	3	3.05
工業科	2.16	2.12	2.26
総合学科	2.24	2.09	1.95
全日制全体	3.03	2.91	2.89

私立志向の高い地域でも都立の倍率あがる

一般入試では、応募倍率と受検倍率が1994年以降で最高だった一昨年に並びました。不受検率と辞退率は、過去最低だった昨年の記録を更新しています。

学科別の受検倍率では、募集学級増の集中した普通科（学年制旧学区）が前年より下がり、普通科（単位制）や商業科、工業科などの専門学科があがりました。

昨年→今年で上昇幅が大きかったのは、科学技術科…1・18倍→1・89倍、国際科…2・03倍→2・30倍、芸術科…1・31倍→1・72倍、福祉科…1・44倍→1・72倍などです。

地域的には、普通科旧学区で、都心に近い旧1～3学区の受検倍率が、男女ともに前年よりアップ、下町地区や多摩地域の旧5～10学区ではダウンしました。

とくに旧1～2学区では、1・6倍以上と、男女とも1994年以降で最高の値をマークしました。

もともと私立志向の高かったこれらの地域でも、都立受検が増えていることがはっきりとわかります。

一般入試　（学科ごとの倍率は受検倍率）

年度	募集人員	受検者数	実質倍率	普通科男子	普通科女子	普通科単位制	商業科	工業科	農業科	総合学科
2008	28,432	38,515	1.33	1.37	1.46	1.46	1.09	1.14	1.25	1.25
2009	28,585	40,184	1.38	1.38	1.53	1.54	1.16	1.26	1.36	1.31
2010	29,743	42,783	1.41	1.41	1.54	1.57	1.26	1.36	1.55	1.37
2011	28,340	40,395	1.4	1.43	1.56	1.54	1.15	1.26	1.39	1.27
2012	29,265	42,013	1.42	1.38	1.55	1.62	1.18	1.47	1.44	1.25

進学指導重点校2年ぶりにアップ

昨年、前年より減少した進学指導重点校の受検者は、今年、再び増加、7校合計（男女計）で3206人と、前年より200人以上増えました。

前年→今春の実質倍率は、男子が1・65倍→1・81倍、女子が1・53倍→1・61倍と、どちらもアップ、男子は過去7年間で、2番目に高い値になりました。なかでも、前年大きく落ち込んだ**西**が、123人増やし、重点校全体の増加数の半分以上を稼ぎ出しています。

昨年→今年で受検者数が増えた学校の順では、

①**西**…受検者数123人増、同（男子）98人増、同（女子）25人増、

②**戸山**…受検者数59人増、同（男子）35増、同（女子）24人増、

③**国立**…受検者数48人増、同（男子）22人増、同（女子）26人増。

日比谷も30人増、実質倍率は男子が2・15倍、女子が1・78倍と高い値。昨春の大学合格実績が高く評価されたようです。私立、国立を振って、都立に進学するという形が、一部ではトレンドになっています。

青山は43人減。もともと隔年の増

減があり、2009年→2010年には58人減っています。**八王子東**は男子が増え、女子が減っています。**立川**は男女ともに減少しました。

今年、重点校受検者の減少に歯止めがかかったのは、4年前のリーマンショックに遠因があるようです。

今年の高校受験生が中学に入学したのは2009年春。中学受験を経験した者のなかには、2008年のリーマンショックの影響で、学校を上位校に絞って受験、高校受験でリベンジをと考えた者もいるでしょう。今年、重点校の上位に受検生が集中したのは、そうした理由によるものかもしれません。

ところで、重点校の指定期間は来年3月末まで。現在の中3生が受検する2013年度からは変化のある可能性が高く、新しい指定は間もなく発表されます。

大学合格実績の伸張が増加のきっかけに

進学指導特別推進校（**小山台**、**新宿**、**駒場**、**町田**、**国分寺**）の受検者数は、男子が2年連続して減少、女子も今年は減少しました。毎年、上位の重点校と下位の推進校からの出入りがあります。

重点校と比べて、女子の合格率が低いのが特徴で、今年も不合格者数が女子だけで100人を超えた学校が、**新宿**（173人）、**小山台**（103人）、**駒場**（100人）と3校もありました。

大学合格実績の伸長が受検者増に結びついている学校が多いようです。

このほか進学指導推進校（**三田**、**国際**、**豊多摩**、**竹早**、**北園**、**墨田川**、**小松川**、**城東**、**武蔵野北**、**小金井北**、**江北**、**江戸川**、**日野台**、**調布北**の14校）では、増加数が最も多かったのが**江北**の81人増（昨年247人→今年328人）です。

同校は、一昨年の一般入試で欠員6人を出し、二次募集を行っています。昨年の大学入試での「早慶上智」19人、「MARCH」44人合格は、かなりの成果といえるでしょう。

三田、**国際**、**豊多摩**、**武蔵野北**、**小松川**、**城東**なども、100人以上の不合格者を出すほど、人気が高まっています。

下には重点校（合計と全校）と特別推進校（合計のみ）の受検者数、不合格者数、実質倍率の5年推移を男女別のグラフで示しました。

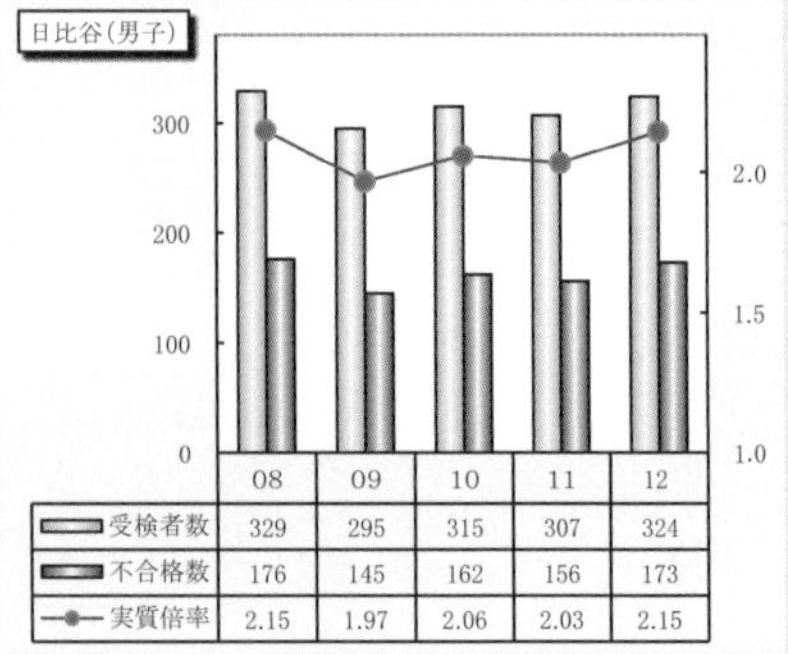

	08	09	10	11	12
受検者数	329	295	315	307	324
不合格数	176	145	162	156	173
実質倍率	2.15	1.97	2.06	2.03	2.15

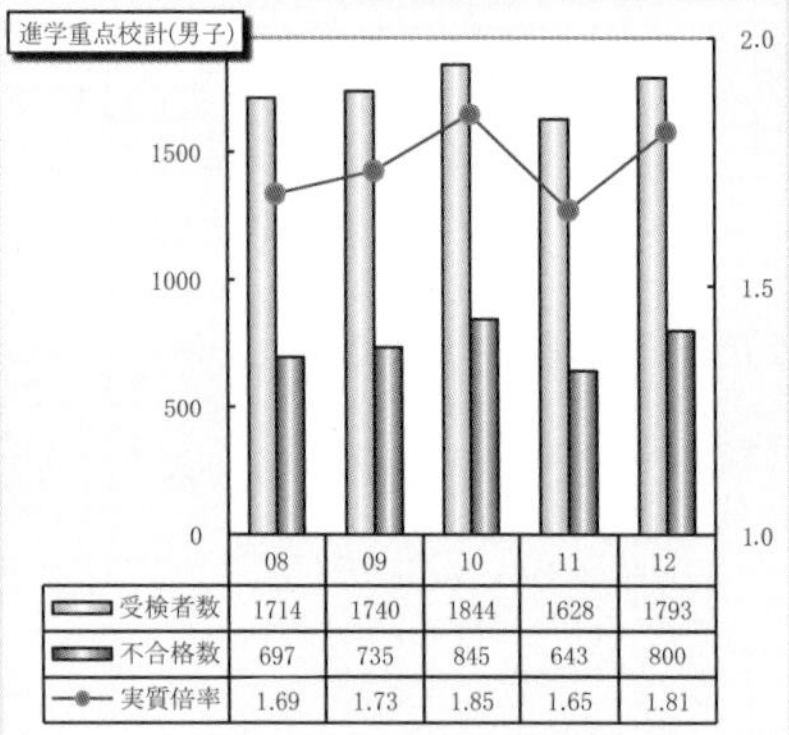

	08	09	10	11	12
受検者数	1714	1740	1844	1628	1793
不合格数	697	735	845	643	800
実質倍率	1.69	1.73	1.85	1.65	1.81

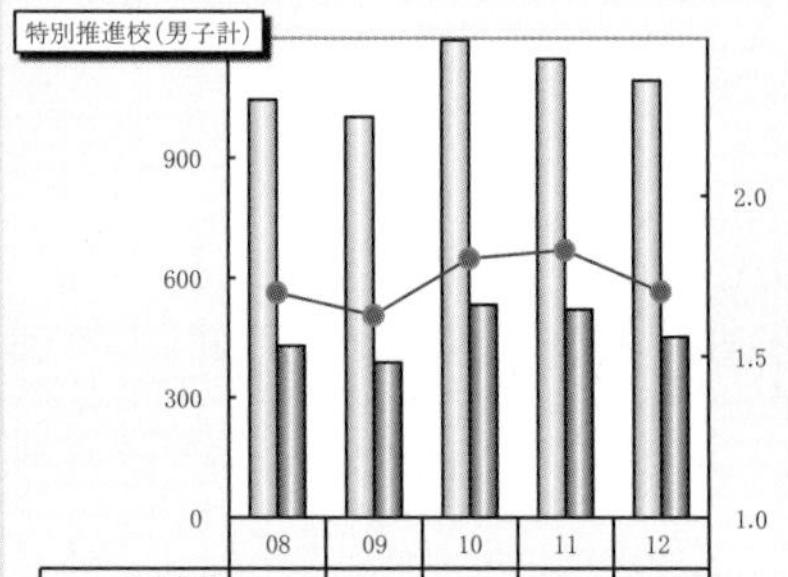

	08	09	10	11	12
受検者数	1045	1002	1195	1148	1093
不合格数	430	387	533	521	451
実質倍率	1.70	1.63	1.81	1.83	1.70

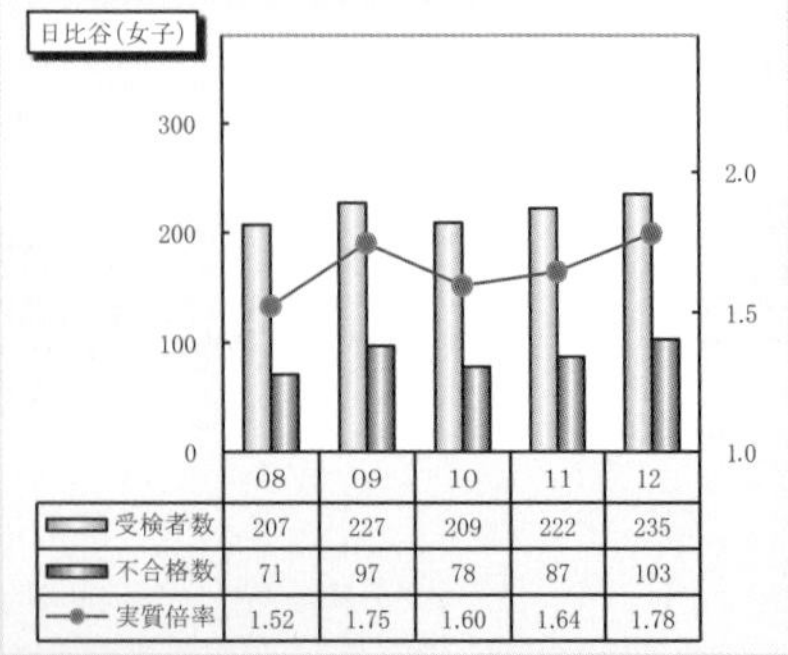

	08	09	10	11	12
受検者数	207	227	209	222	235
不合格数	71	97	78	87	103
実質倍率	1.52	1.75	1.60	1.64	1.78

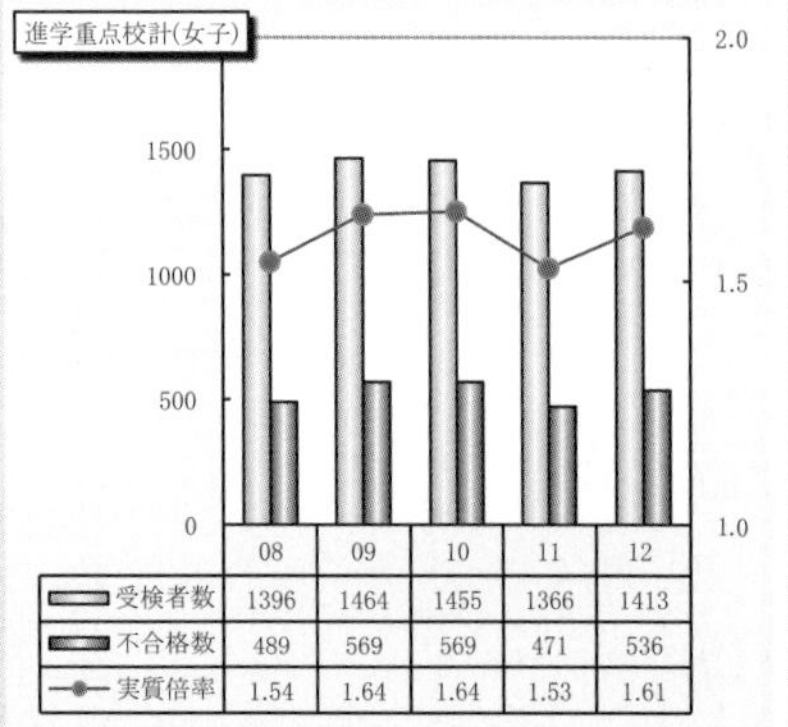

	08	09	10	11	12
受検者数	1396	1464	1455	1366	1413
不合格数	489	569	569	471	536
実質倍率	1.54	1.64	1.64	1.53	1.61

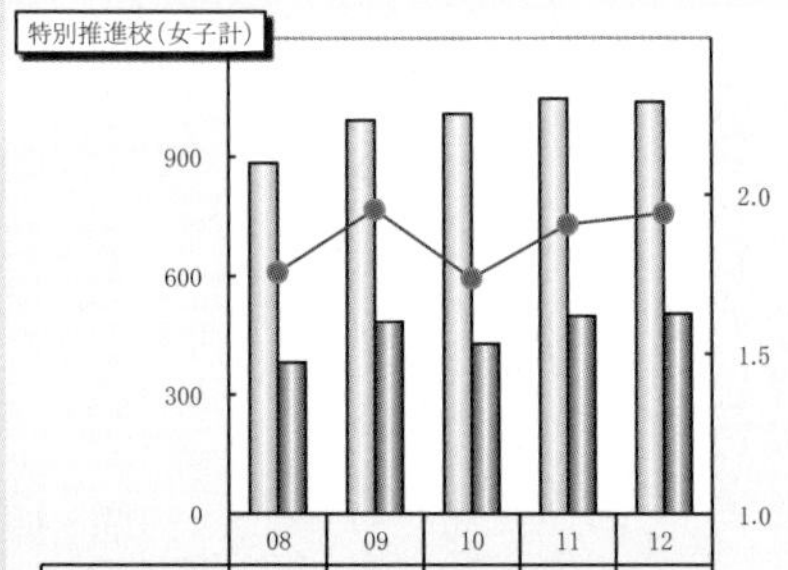

	08	09	10	11	12
受検者数	884	992	1008	1047	1039
不合格数	381	484	428	498	504
実質倍率	1.76	1.95	1.74	1.91	1.94

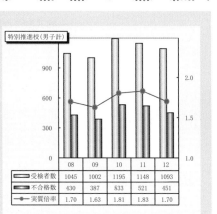

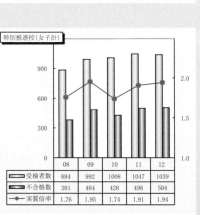

西(男子)

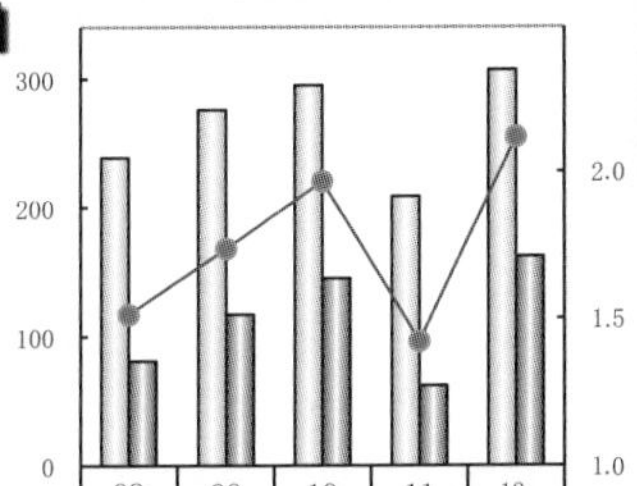

	08	09	10	11	12
受検者数	239	276	295	209	307
不合格数	81	117	145	62	162
実質倍率	1.51	1.74	1.97	1.42	2.12

青山(男子)

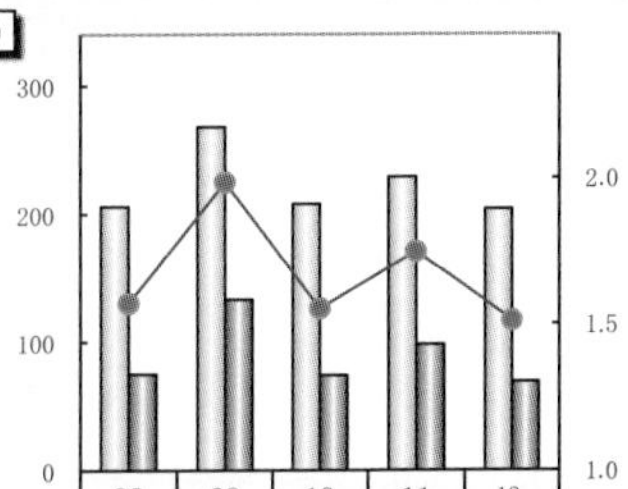

	08	09	10	11	12
受検者数	206	268	208	229	204
不合格数	75	133	74	98	69
実質倍率	1.57	1.99	1.55	1.75	1.51

戸山(男子)

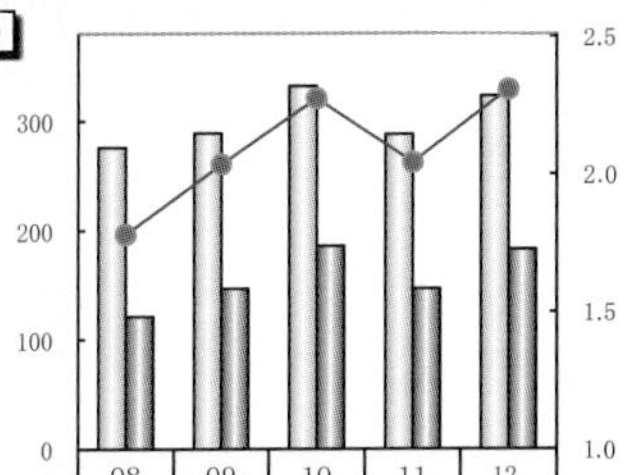

	08	09	10	11	12
受検者数	276	289	332	288	323
不合格数	121	147	186	147	183
実質倍率	1.78	2.04	2.27	2.04	2.31

西(女子)

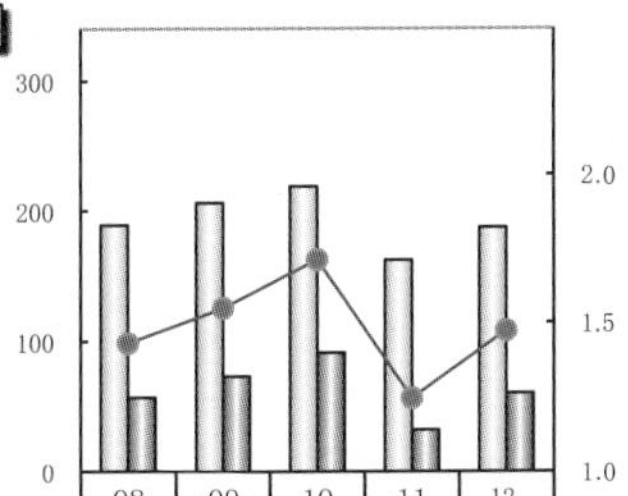

	08	09	10	11	12
受検者数	189	206	219	162	187
不合格数	57	73	91	32	60
実質倍率	1.43	1.55	1.71	1.25	1.47

青山(女子)

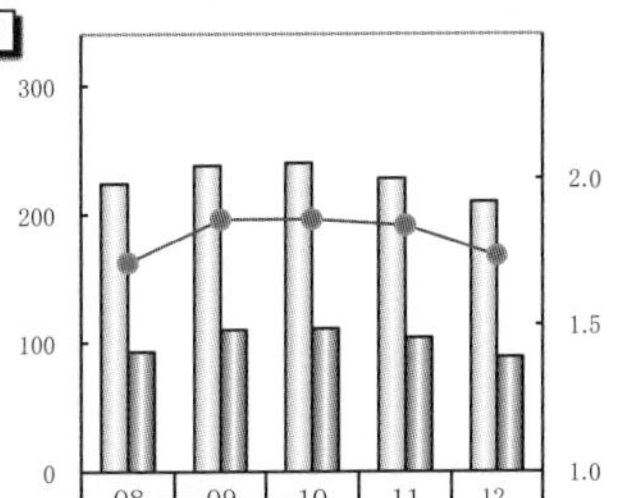

	08	09	10	11	12
受検者数	224	238	240	228	210
不合格数	93	110	111	104	89
実質倍率	1.71	1.86	1.86	1.84	1.74

戸山(女子)

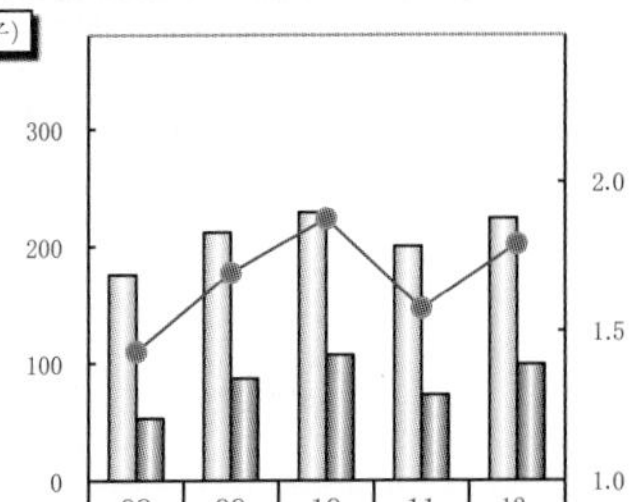

	08	09	10	11	12
受検者数	176	212	229	200	224
不合格数	53	87	107	73	99
実質倍率	1.43	1.70	1.88	1.57	1.79

国立(男子)

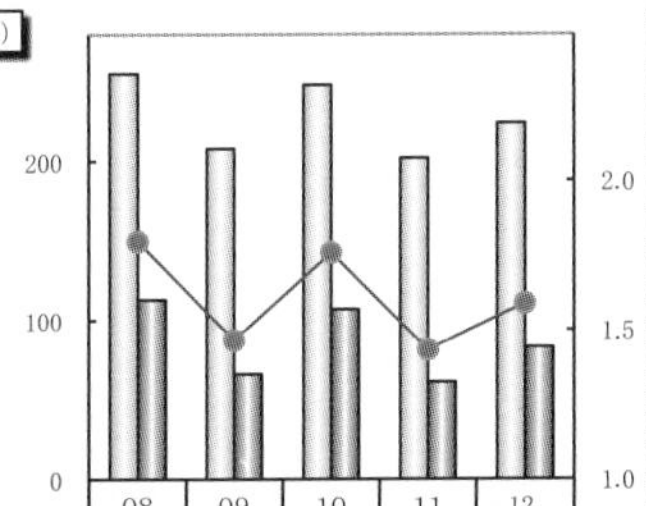

	08	09	10	11	12
受検者数	255	208	248	202	224
不合格数	113	66	107	61	83
実質倍率	1.80	1.46	1.76	1.43	1.59

立川(男子)

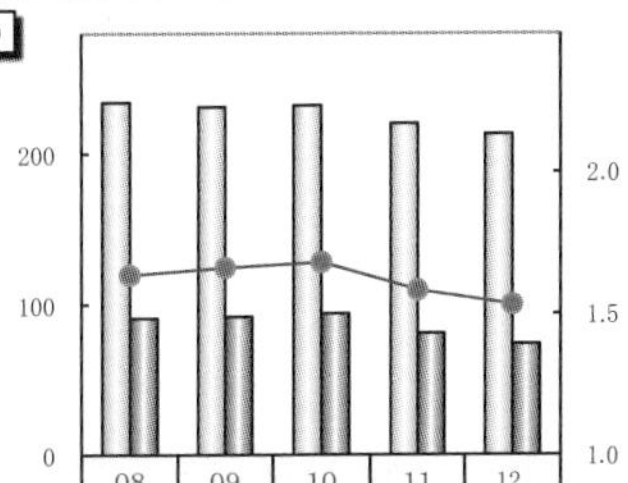

	08	09	10	11	12
受検者数	234	231	232	220	213
不合格数	91	92	94	81	74
実質倍率	1.64	1.66	1.68	1.58	1.53

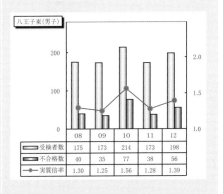

八王子東(男子)

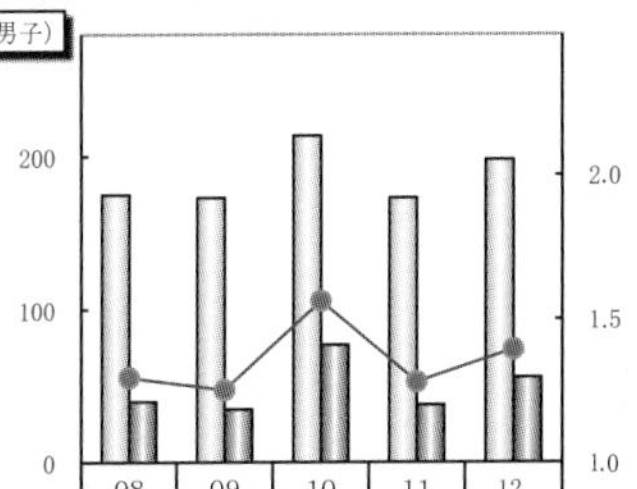

	08	09	10	11	12
受検者数	175	173	214	173	198
不合格数	40	35	77	38	56
実質倍率	1.30	1.25	1.56	1.28	1.39

国立(女子)

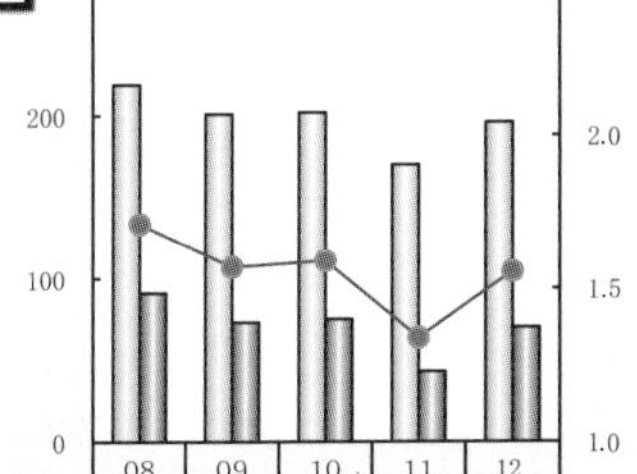

	08	09	10	11	12
受検者数	219	201	202	170	196
不合格数	91	73	75	43	70
実質倍率	1.71	1.57	1.59	1.34	1.56

立川(女子)

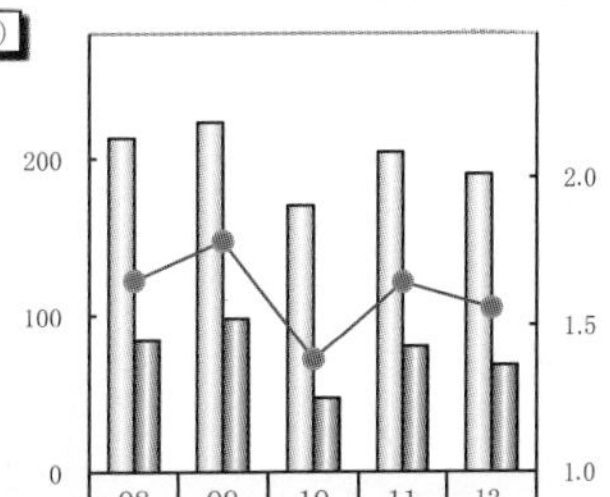

	08	09	10	11	12
受検者数	213	223	170	204	190
不合格数	84	98	47	80	68
実質倍率	1.65	1.78	1.38	1.65	1.56

八王子東(女子)

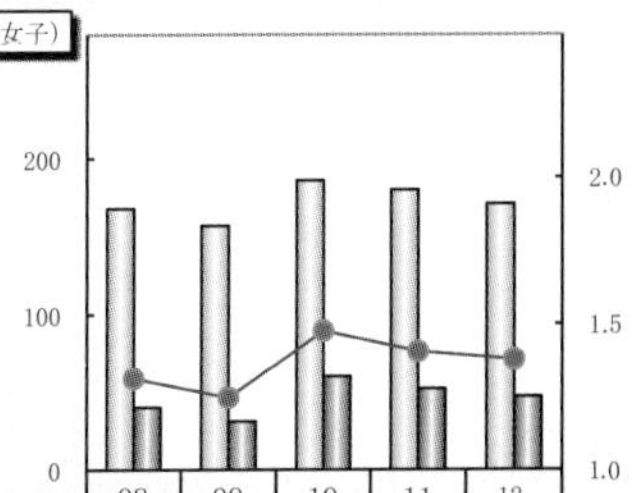

	08	09	10	11	12
受検者数	168	157	186	180	171
不合格数	40	31	60	52	47
実質倍率	1.31	1.25	1.48	1.41	1.38

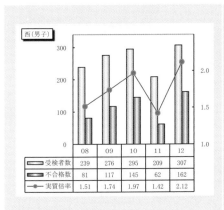

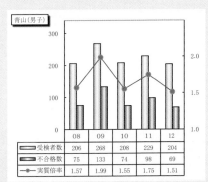

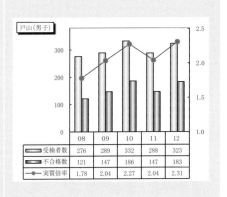

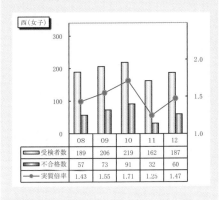

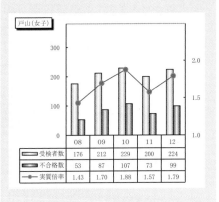

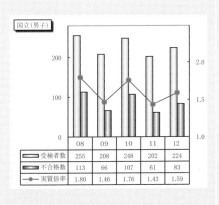

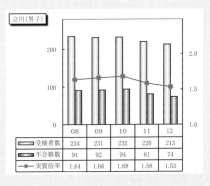

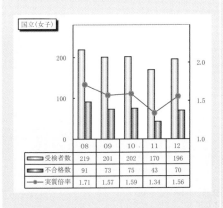

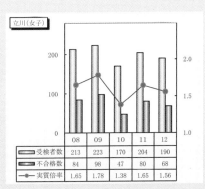

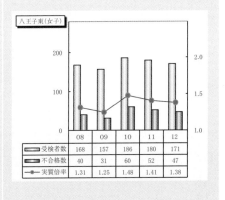

高校入試の基礎知識

学校説明会に行く前に
高校入試用語辞典［中］

これからみなさんは志望校選びのための「高校入試情報集め」を始めるところでしょう。じつは、そんな情報のなかには、これまで耳にしたことがないような「用語」が出てくることがあります。そこで前号から、「高校入試用語辞典」を掲載しています。

週５日制・週６日制

土曜日・日曜日には登校しないのが週５日制。文部科学省は学習指導要領の改訂に合わせ、２００２年度から完全学校週５日制を実施、現在の公立高校２・３年生までは例外を除いて週５日制、ただし、今年度から学習指導要領が見直され、高校１年生は週６日制となった公立高校も多い。首都圏の私立高校は学力維持の面から多くが週６日制をとっている。土曜日には授業は行わないが行事や補習を行う「授業５日・学校６日制」という学校もある。

習熟度別授業

生徒を、その教科の習熟度に応じて、複数の学級から、いくつかのクラスに編成しなおしたり、１つの学級内で別々のコースで学習するなどして、学習の効率をあげようとする授業法。英語や数学など学力差がつきやすい教科で行われる。私立・公立高校とも「学力別」や「能力別」という表現はされず、「習熟度別」と呼ばれる。クラス名をあえて優劣がわからないように名づける配慮をしている学校がほとんど。クラスサイズは少人数制で行われる。

シラバス　Syllabus

それぞれの学校で、具体的に「いつ、なにを、どのように」学習を進めるかを明記した冊子。語源はラテン語。「授業計画・進行計画書」。生徒側は年間の授業予定のうち、いま、なんのためにどこを学んでいるのかがわかりやすい。

推薦入試

その学校から示された推薦の条件（推薦基準）を満たしたうえで、在学している中学校長の推薦を受けて受験する。推薦入試を受験できる基準は各校により異なる。学力試験は課さず、調査書や面接などで総合的に判断して合否を決める場合が多い。私立高校のなかには、中学校長の推薦を必要としない推薦入試（自己推薦）を認めている学校もある。

スライド合格

１つの学校にはいろいろな「科」や「コース」があることが多いが、難度の高い、例えば「特進コース」を受験した場合、不合格でも同じ学校の１ランク難度が緩い、例えば「進学コース」に合格の資格が与えられること。

専門学科高校

専門（学科）高校は、専門学科を

持つ高校で、以前は農業・水産・工業・商業・家庭（被服・食物）・厚生・商船など、職業にそのまま結びつくような学科を持ち職業高校とも呼ばれていた。近年の専門学科高校には、音楽・美術・体育などの芸術やスポーツに関する学科や、国際科・英語科などの外国語に関する学科もある。また、理数科のように、主要教科を普通科よりもさらに重点的に学ぶ学科もあり、進学型の学科、学校としての人気も高い。

総合学科高校

総合学科高校は、普通科、専門学科に次ぐ第3の学科高校として注目を集め増加傾向にある。1年次には共通必修科目を学んで、生徒個々の進路や興味、関心を明確にさせ、2年次以降は、生徒個々がさまざまな部門から学習系列を選択し、その系列に沿って、具体的な科目を選択する。

単位制高校

学年で取得する単位が決まっておらず、生徒個々が3年間で必要な単位を取得していく。

必修科目、選択科目のなかから、学年の枠を越えて必要な科目、興味や関心のある科目を選ぶことができるが、時間割を自ら作るため、安易な時間割に走ると学習習慣が身につかない。

チームティーチング

1クラスの授業を2人以上の教員がチームを組んで教えること。英語の授業でネイティブの先生と日本人の先生が組んだり、理科の時間に実験担当の先生と組んで実施するタイプが多い。

調査書（内申書）

受験生の中学校の学業成績や生活・活動などが記載されている。中学校の担任の先生が作成する。公立高校では点数化され、合否判定の基準ともなる。

特待生制度

特待生制度とは、入学試験や日常の成績が優秀な生徒に対して、学費の一部や全額を免除する制度。

基本的に成績優秀者の学校生活が、経済的な理由で損なわれないようにすることが目的。学費の免除という形をとる場合が多い。返済の義務は課されないことがほとんど。

私立高校では、入試得点で特待生を選ぶことも多いが、募集対策の一環とする学校もある。

2学期制・3学期制

保護者の高校時代の学期制が3学期制。それに対し、学年期を2期に分け、9月までを1学期、10月からを2学期（前期・後期と呼ぶところもある）とするのが2学期制で、2002年以降採用する学校も増えてきた。定期試験などの日数が減り、授業時間が確保できる。理解の確認は小テストを多くして対応する。

ご提案型の教育旅行会社って？

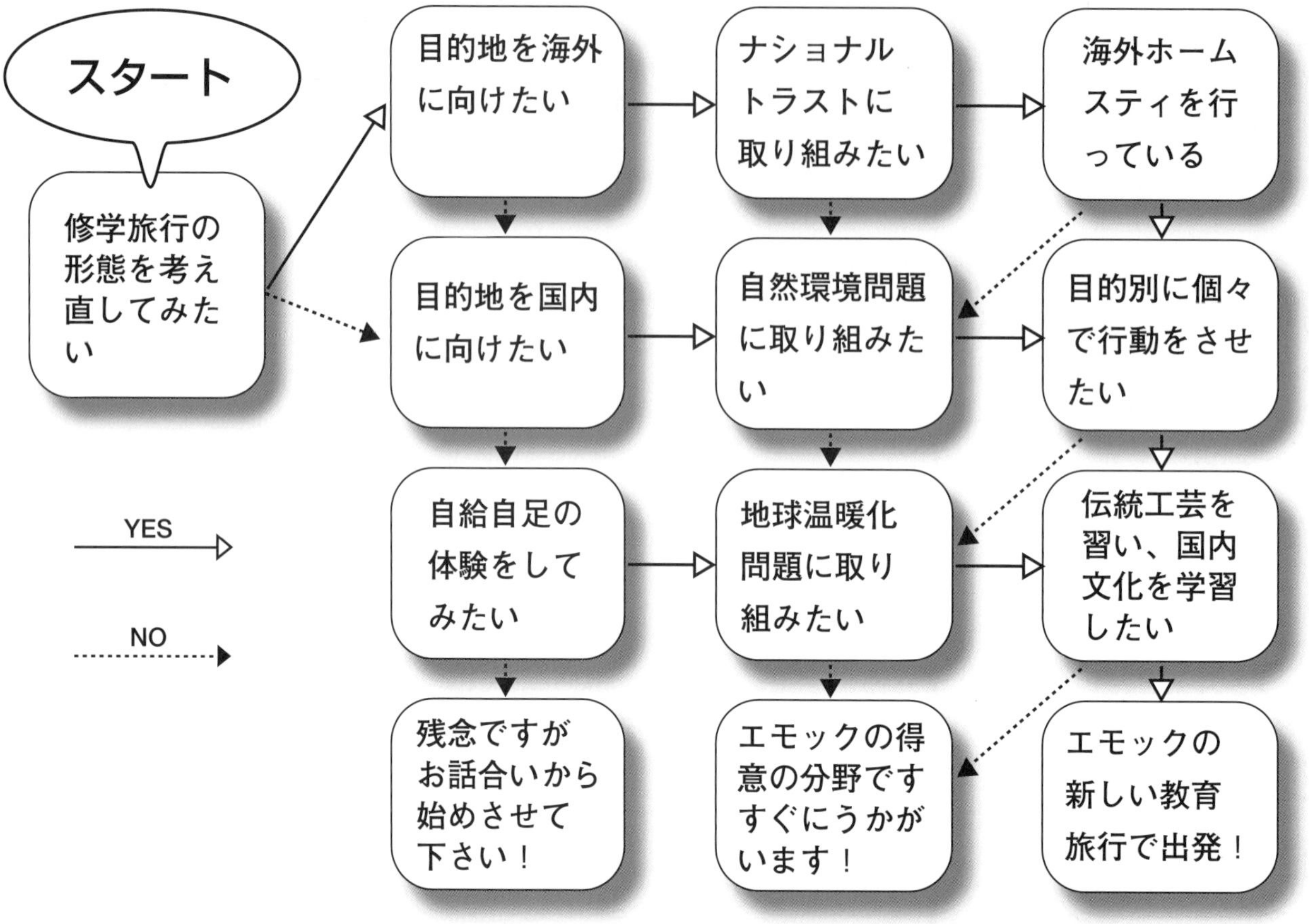
スタート
修学旅行の形態を考え直してみたい
目的地を海外に向けたい
ナショナルトラストに取り組みたい
海外ホームスティを行っている
目的地を国内に向けたい
自然環境問題に取り組みたい
目的別に個々で行動をさせたい
自給自足の体験をしてみたい
地球温暖化問題に取り組みたい
伝統工芸を習い、国内文化を学習したい
YES
NO
残念ですがお話合いから始めさせて下さい！
エモックの得意の分野ですすぐにうかがいます！
エモックの新しい教育旅行で出発！

従来の名所旧跡を訪ねる修学旅行から、最近ではさまざまなテーマを生徒個々または小グループごとにコンセプトメークしひとつの社会貢献の一環として、位置づける学習旅行へと形態移行しつつあります。

小社では国内及び海外の各種特殊業界視察旅行を長年の経験と実績で培い、これらのノウハウを学校教育の現場で取り入れていただき、保護者、先生、生徒と一体化した旅行づくりを行っております。

一例

- 海、山、川の動物、小動物の生態系研究
- 春の田植えと秋の収穫体験、自給自足のキャンプ
- 生ごみ処理、生活廃水、産業廃棄物、地球温暖化などの環境問題研究
- ナショナルトラスト（環境保全施設、自然環境、道の駅、ウォーキング）
- 語学研修（ホームスティ、ドミトリー、チューター付研修）など

お便りコーナー

サクセス広場

一度は行ってみたい場所

小さいころから、「宇宙はどこまであるんだろう」とよく疑問に思っていました。ぜひ、**宇宙の果てまで**行ってみたいですね。
（中3・coro macaさん）

私はいつか**厳島神社**に行ってみたいです。写真で見た、水の上に立つ赤い鳥居がホントきれいで、死ぬまでに1回は見たい！
（中3・にちりんさん）

このあいだ、家族でインカ帝国展に行ってきました。それから**マチュピチュ**に行きたくてしかたないです。すごく神秘的ですよね。
（中2・ピチュマチュさん）

高いところが好きなので、日本で1番高い**東京スカイツリー**の展望台に行きたいです。
（中1・NNさん）

南極大陸に行ってみたいです。バナナで釘を打ってみたい！
（中3・冬侍さん）

甲子園!!　高校生になったら必ず、野球で甲子園に行く!!　でうまくいけば将来プロに…。
（中2・高校球児さん）

トルコの**イスタンブール**です。母が昔住んでいたそうで、いつもすばらしいところだと聞かされています。
（中3・飛んでイスタンブールさん）

屋久島に行ってみたい。春休みに行った友だちが絶賛していたので。
（中2・花田勝さん）

うちの学校、ここを変えたい！

体育館が狭いので、バスケのコートが正規の広さではありません。なので、試合だといつも感覚が違います。大きくしてほしいです。
（中3・水戸さん）

朝が苦手だから、**登校時間をもっとゆっくりにしたい**。でも無理だな。
（中3・寝坊記録更新中さん）

私立のように**キレイな自習室**があったらうれしいです。校舎がキレイだとそれだけ勉強する気になれると思います。
（中3・アッコさん）

もうちょっと**生徒数を減らして**ほしいな。生徒が多すぎて、同じ学年なのに知らない人が多すぎ。
（中3・人口密度に骨密度さん）

冷房がほしい。もう真夏にショボい扇風機だけとか嫌すぎる…。
（中2・これでは勉強できないさん）

生徒会があまり活発じゃないので、もっと生徒会でいろいろなことが決められるようになってほしい。
（中3・T.Sさん）

好きな麺料理は?

生パスタのもちもち感がたまらん。初めて食べたときの衝撃は忘れません。いや忘れられません。
（中3・おおげさ太郎さん）

五目焼きそばが大好きです。バーミヤンの五目焼きそばにお酢をかけるのがオススメです。でも、お酢をかけすぎて姉がむせていました。かけすぎに注意!
（?年・ハラペコさん）

そうめん！　そろそろそうめんがおいしい時期になってきてサイコー！
（中3・ラーメン、そうめんさん）

麺と言ったら**うどん**でしょ！　あのコシはたまらん！
（中3・うどん太郎さん）

刀削麺です。あのシャッシャッって削って麺が鍋に入っていくところを見てるだけで楽しい。
（中3・刀削麺マンさん）

募集中のテーマ

「誕生日、どうやって祝ってほしい?」
「夏休みに読みたい本」
「兄弟・姉妹自慢！」

応募〆切 2012年7月15日

必須記入事項

A／テーマ、その理由　B／住所　C／氏名
D／学年　E／ご意見、ご感想など

ハガキ、FAX、メールを下記までどしどしお寄せください!
住所・氏名は正しく書いてください!!
ペンネームは氏名のうしろに(　)で書いてネ!
【例】サク山太郎（サクちゃん）

あて先

〒101-0047　東京都千代田区内神田2-4-2
グローバル教育出版　サクセス編集室
FAX:03-5939-6014　e-mail:success15@g-ap.com

ここにメールしてね!!

success15

ケータイから上のQRコードを読み取り、メールすることもできます。

掲載されたかたには抽選で図書カードをお届けします!

掲載にあたり一部文章を整理することもございます。個人情報については、図書カードのお届けにのみ使用し、その他の目的では使用いたしませ

挑戦!!

西《せい》武《ぶ》学《がく》園《えん》文《ぶん》理《り》高等学校

- 埼玉県狭山市柏原新田311-1
- 西武新宿線「新狭山」スクールバス8分、JR埼京線・東武東上線「川越」スクールバス20分、東武東上線「鶴ヶ島」、JR八高線「東飯能」、西武池袋線「稲荷山公園」スクールバス
- TEL　04-2954-4080
- http://www.bunri-s.ed.jp/

夏休み中学3年生対象学校見学会
7/25、7/26　13:00～予約制

※学校説明会(予約不要)すべて午後2:00～

学校及び入試説明会
9/29、10/13、10/28、11/10、11/24

エリート選抜東大クラスおよび特待生説明会
10/28、11/10、11/24

理数科説明会
10/13、11/17

英語科説明会
9/29、11/17

問題

△ABCの辺BC上に点D、辺AC上に点Eがあり、四角形ABDEが円Oに内接している。

$AB=\frac{21}{5}$，AE＝DE，DC＝５，CE＝４であるとき、次の各問いに答えなさい。
ただし、円に内接する四角形の向かい合う内角の和は180°である。

（1）△ABC ∽ △DECを証明しなさい。

（2）△ABCの三辺の比AB：BC：CAを求めなさい。

（3）円Oの半径を求めなさい。

解答　(1) 解答略 (2) 3：4：5 (3) $\frac{3\sqrt{2}}{2}$

武《ぶ》南《なん》高等学校

- 埼玉県蕨市塚越5-10-21
- JR線「西川口」徒歩10分
- TEL　048-441-6948
- http://www.bunan.ed.jp/highschool/

問題

右図のように∠ABO＝30°の直角三角形OABがある。頂点Oから、辺ABに垂線OPを引く。次に点Pから辺OBに垂線PQを引く。さらに点Qから辺ABに垂線QRを引く。以下、同様の作業を続ける。OA＝２のとき、

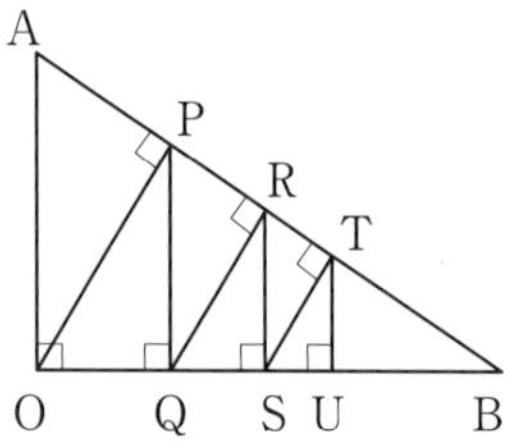

RS＝$\frac{\boxed{タ}}{\boxed{チ}}$、ST＝$\frac{\boxed{ツ}\sqrt{\boxed{テ}}}{\boxed{トナ}}$、TB＝$\frac{\boxed{ニヌ}}{\boxed{ネノ}}$である。

また△OPQの面積をSとすると、△QRS＝$\frac{\boxed{ハ}}{\boxed{ヒフ}}$ Sである。

解答　タ=9　チ=8　ツ=9　テ=3　トナ=16　ニヌ=27　ネノ=16　ハ=9　ヒフ=16

私立高校の入試問題に

東邦《とうほう》大学《だいがく》付属《ふぞく》東邦《とうほう》高等学校

問題

１辺の長さが４cmの正四面体ABCDを，直径４cmの円筒形の容器に入れます。

右の図は，辺BDが円筒形の容器の底面に接するまで正四面体を入れた様子を真上から見たものです。

辺AB，CDの中点をそれぞれM，Nとするとき，次の問いに答えなさい。

ただし，円周率はπとします。

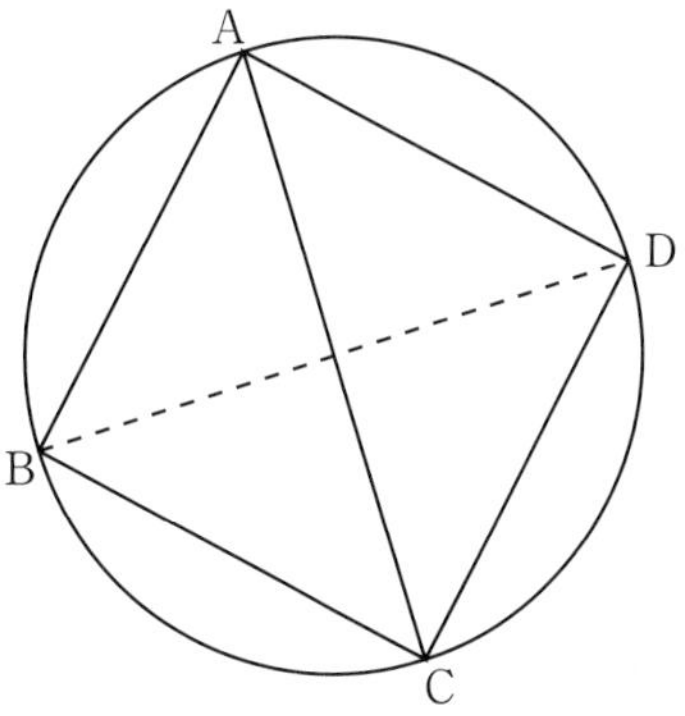

(1) 線分MNの長さを求めなさい。

(2) この容器に水を入れ，正四面体を完全に沈めるためには最低何cm^3の水が必要ですか。

千葉県習志野市泉町2-1-37
TEL　047-472-8191
京成本線「京成大久保」徒歩10分
http://www.tohojh.toho-u.ac.jp/

学校見学会

７月28日（土）10:00〜11:30
８月25日（土）10:00〜11:30
11月24日（土）10:00〜11:30

入試説明会

10月27日（土）10:00〜11:10
14:00〜15:10

解答　(1) $2\sqrt{2}$　(2) $8\sqrt{2}\pi - \frac{16}{3}\sqrt{2}$　(cm^3)

日本《にほん》大学《だいがく》鶴《つる》ヶ《が》丘《おか》高等学校

問題

次の【21】,【22】の一つ一つには，それぞれ０～９までの一つの数字が当てはまる。それらを21，22で示される解答欄に順次マークしなさい。

図のように，AB＝12の△ABCの辺BC上に点Dと点Eをとる。

∠CAD＝90°，∠BAD＝∠EAD，ED＝５，DB＝６のとき，△AECと△ABEの面積比を求めると，【21】：【22】である。

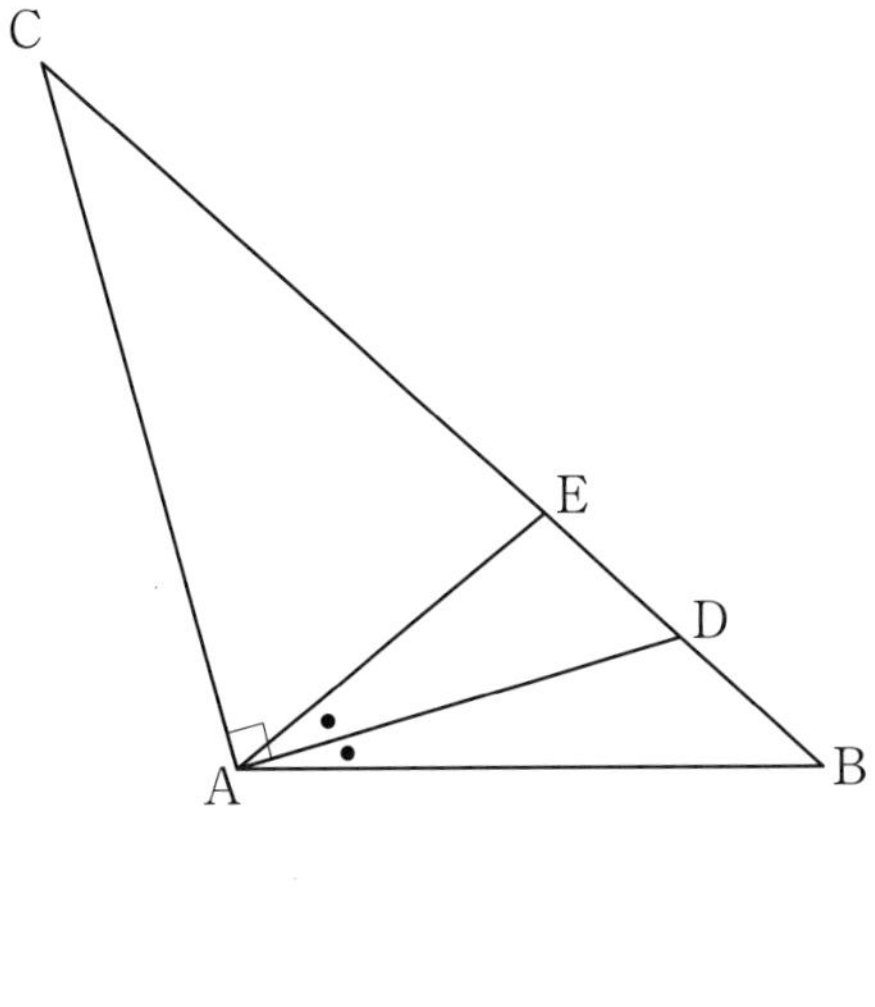

東京都杉並区泉2-26-12
TEL：03-3322-7521
京王線「明大前」徒歩8分
http://www.tsurugaoka.hs.nihon-u.ac.jp/

解答　21：5　22：1

5月号の答えと解説

問題

Q ワードサーチ（単語探し）

リストにある英単語を、下の枠のなかから探し出すパズルです。単語は、例のようにタテ・ヨコ・ナナメの方向に一直線にたどってください。下から上、右から左へと読む場合もあります。また、1つの文字が2回以上使われていることもあります。パズルを楽しみながら、街中にある建物・施設の名称を表す単語を覚えましょう。最後に、リストのなかにあって、枠のなかにない単語が1つだけありますので、それを答えてください。

【単語リスト】

avenue（大通り）【例】
bench（ベンチ）
bridge（橋）
crossing（交差点、横断歩道）
downtown（繁華街）
expressway（高速道路）
factory（工場）
fire station（消防署）
hall（会館、ホール）
hospital（病院）
intersection（交差点）
market（市場）
museum（博物館、美術館）
shrine（神社）
sidewalk（歩道）
subway（地下鉄）

F	E	T	E	K	R	A	M	E	J	D	A
I	A	U	T	F	L	U	B	L	L	A	H
R	S	R	N	U	S	A	F	C	V	I	C
E	X	P	R	E	S	S	W	A	Y	W	N
S	B	Q	U	N	V	G	L	E	S	T	E
T	P	M	O	Q	R	A	E	V	D	G	B
A	F	N	W	O	T	N	W	O	D	I	M
T	A	Z	X	I	H	O	H	I	E	X	S
I	C	G	P	K	E	P	R	U	R	W	H
O	T	S	Y	G	A	B	X	Z	O	Y	R
N	O	I	T	C	E	S	R	E	T	N	I
H	R	C	L	M	R	N	H	A	S	L	N
C	Y	A	W	B	U	S	I	D	J	K	E

解答　crossing（交差点、横断歩道）

解説

パズル面にあるリストの英単語は下の通りです。

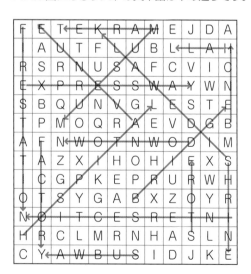

F	E	T	E	K	R	A	M	E	J	D	A
I	A	U	T	F	L	U	B	L	L	A	H
R	S	R	N	U	S	A	F	C	V	I	C
E	X	P	R	E	S	S	W	A	Y	W	N
S	B	Q	U	N	V	G	L	E	S	T	E
T	P	M	O	Q	R	A	E	V	D	G	B
A	F	N	W	O	T	N	W	O	D	I	M
T	A	Z	X	I	H	O	H	I	E	X	S
I	C	G	P	K	E	P	R	U	R	W	H
O	T	S	Y	G	A	B	X	Z	O	Y	R
N	O	I	T	C	E	S	R	E	T	N	I
H	R	C	L	M	R	N	H	A	S	L	N
C	Y	A	W	B	U	S	I	D	J	K	E

街中にある建物・施設の名称を表す単語に関連して、道案内の表現もここで確認しておきましょう。
例えば、街中で迷ってしまったときは、

- "I'm lost. Where am I now?"
  （道に迷いました。ここはどこですか？）
- "Where is the Shibuya Station?"（渋谷駅はどこですか？）
- "Could you tell me how to get to the station?"
  （駅に行く道を教えてください。）

これに対して道を教えるときは、

- "Go straight down this street."
  （この道をまっすぐ行ってください。）
- "Turn right at the next corner."
  （次の角を右に曲がってください。）
- "It'll be about 10 minutes' walk from here."
  （ここから歩いて10分程度です。）
- "I don't know this area well."（この辺はよくわかりません。）
- "May I walk with you? I'm going that way."
  （ご一緒しましょうか。私もその方角へ行きますから。）

なにげなく歩いているときに、「この建物は英語では？」とか「ここで道を聞かれたら？」などと考えてみるのも、英語の勉強には役立ちそうですね。

中学生のための 学習パズル

今月号の問題

Q 四字熟語ジグソーパズル

今回は、四字熟語を完成させるジグソーパズルに挑戦してみましょう。

下のパズル面に11個四字熟語が並ぶように、下のリストにある漢字のピースを、うまく当てはめます。ピースは回転させることなく、そのままの形で使ってください。

パズルが完成すると、色のついたマスに2つの四字熟語が現れますので、それを答えてください。

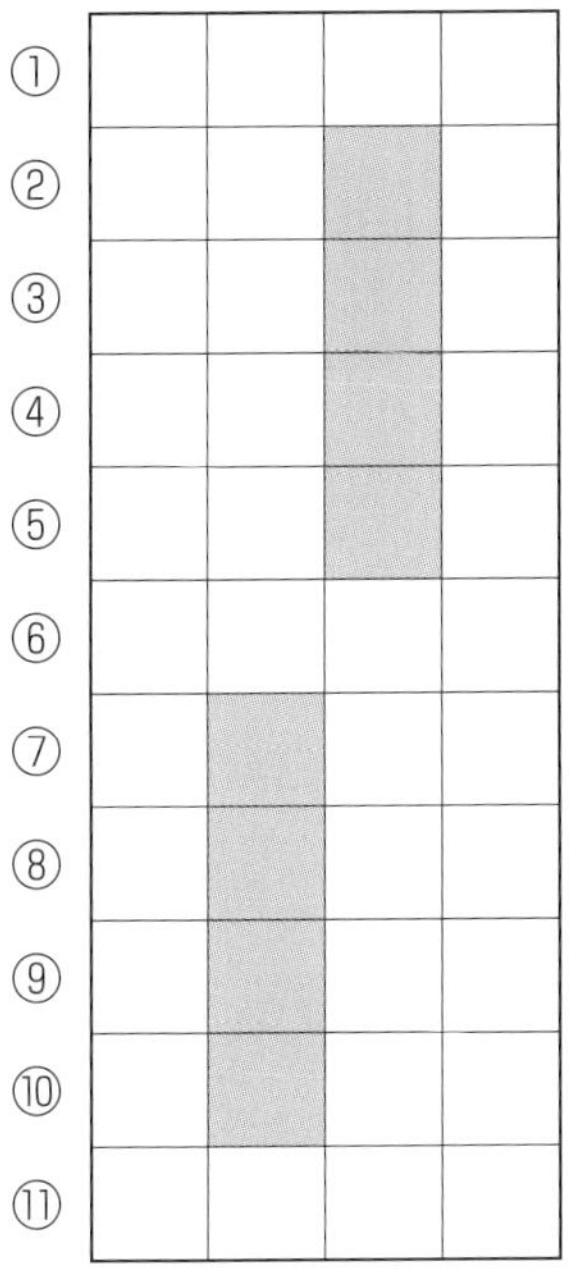

5月号学習パズル当選者

（全正解者60名）

★山田　弘行くん（東京都目黒区・中3）
★藤田茉莉子さん（東京都江東区・中2）
★南田　沙羅さん（神奈川県横浜市・中2）

応募方法

●必須記入事項

01　クイズの答え
02　住所
03　氏名（フリガナ）
04　学年
05　年齢
06　アンケート解答「古代エジプト展」（詳細は82ページ）の招待券をご希望のかたは、「古代エジプト展招待券希望」と明記してください。

◎すべての項目にお答えのうえ、ご応募ください。
◎ハガキ・ＦＡＸ・e-mailのいずれかでご応募ください。
◎正解者のなかから抽選で3名のかたに図書カードをプレゼントいたします。
◎当選者の発表は本誌2012年9月号誌上の予定です。

●下記のアンケートにお答えください。

A今月号でおもしろかった記事とその理由
B今後、特集してほしい企画
C今後、取りあげてほしい高校など
Dその他、本誌をお読みになっての感想

◆2012年7月15日（当日消印有効）

◆あて先

〒101-0047　東京都千代田区内神田2-4-2
グローバル教育出版　サクセス編集室
FAX：03-5939-6014
e-mail:success15@g-ap.com

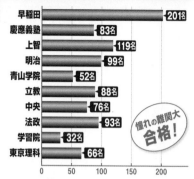

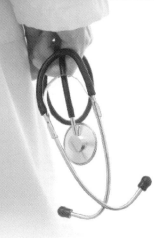

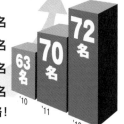

歴史

大英博物館 古代エジプト展

7月7日(土) ～9月17日(月・祝)
森アーツセンターギャラリー
(六本木ヒルズ森タワー52F)

フウネフェルの『死者の書』口開けの儀式の場面(部分) ©The Trustees of the British Museum

「古代エジプト展」の招待券を5組10名様にプレゼントします。応募方法は77ページを参照。

『死者の書』で読み解く 古代エジプト人の死後の世界観

古代エジプトでは、死者は来世で復活するために冥界を旅すると考えられていた。この展覧会では、死者に守護の力を与える呪文集『死者の書』を中心に、古代エジプト人が祈りを込めた来世への旅を追体験できる。大英博物館が誇るコレクションから37mの世界最長の『死者の書』、「グリーンフィールド・パピルス」が日本で初公開されるほか、ミイラや棺、護符、装身具など約180点が紹介されている。

イベント

フラワードリーム2012 in東京ビッグサイト

6月30日(土)～7月1日(日)
東京ビッグサイト

FLOWER DREAM in TOKYO 2012

花に囲まれ 花とつながる2日間

今年で4回目を迎える花の祭典「フラワードリーム」。今年は、日本一のフローリストを決定するフラワーデザイン競技会の最高峰「2012ジャパンカップ」などのさまざまなコンテストや、花にまつわるトークや実演、いけばなの展示などが行われ、花の魅力を堪能できる2日間となっている。また、昨年同様に東日本大震災支援に貢献するため、会場での募金が行われ、売上の一部を義援金として寄付される。

サクセス イベント スケジュール

6月～7月

世間で注目のイベントを紹介

アート

館長 庵野秀明 特撮博物館 ミニチュアで見る昭和平成の技

7月10日(火)～10月8日(月・祝)
東京都現代美術館

「巨神兵像」竹谷隆之作 ©2012 二馬力・G

庵野秀明がおくる 特撮ミニチュアの技

「エヴァンゲリオン」で有名な庵野秀明監督の創作活動の原点であり、幼少期から大きな影響を与えてきた「ウルトラマン」などの「特撮」。この展覧会では、庵野監督が館長となって博物館を立ちあげたというコンセプトのもと、かつて映画やテレビで使用されたミニチュアやデザイン画など、特撮に使用された資料が約500点も展示される。デジタルではない、日本が世界に誇る映像の「粋」、特撮の魅力に迫る。

イベント

企画展「科学で体験するマンガ展」 ～時を越える夢のヒーロー～

7月7日(土)～10月15日(月)
日本科学未来館

©石森章太郎プロ、©手塚プロ、©フジオプロ、©藤子スタジオ、©藤子プロ(50音順)

先端の映像技術で再現される マンガのヒーロー・ヒロインの能力

お父さんやお母さんもきっと読んでいたマンガのヒーロー・ヒロインの能力(力)を、先端の映像技術で再現。臨場感のある体験型展示でマンガの作品世界を体験できる。「怪物くん(藤子不二雄Ⓐ)」「サイボーグ 009(石ノ森章太郎)」「鉄腕アトム(手塚治虫)」「ドラえもん(藤子・F・不二雄)」「ひみつのアッコちゃん(赤塚不二夫)」(作品50音順)の5作品が登場し、世代を超えて楽しめる内容となっている。

＜コーナー名＞

＜本文中記事＞

編集後記

今月号は体育祭特集を担当しました。4校に足を運び、体育祭実行委員のかたたちに体育祭の熱いお話を聞いていると、自分の高校時代のころを思い出しました。20年くらい前のことで、はっきりしたことは覚えていませんが、確か自分がデザインした絵がクラスの旗とTシャツになって、ペンキまみれになりながら、夜遅くまで学校に残り、頑張ってつくった記憶があります。

みなさんも学校行事などで大変な役割を任されたりすることもあるでしょう。でも、その役割が大変であればあるほど、達成したときの感動は大きく、人間的にも成長できます。なにごとからも逃げずに頑張ってみましょう。(M)

Information

『サクセス15』は全国の書店にてお買い求めいただけますが、万が一、書店店頭に見当たらない場合は、書店にてご注文いただくか、弊社販売部、もしくはホームページ(下記)よりご注文ください。送料弊社負担にてお送りします。

定期購読をご希望いただく場合も、上記と同様の方法でご連絡ください。

Opinion, Impression & etc

本誌をお読みになられてのご感想・ご意見・ご提言などがありましたら、ぜひ当編集室までお声をお寄せください。また、「こんな記事が読みたい」というご要望や、「こういうときはどうしたらいいの」といったご質問などもお待ちしております。今後の参考にさせていただきますので、よろしくお願いいたします。

サクセス編集室

TEL 03-5939-7928
FAX 03-5939-6014

高校受験ガイドブック2012 7 サクセス15

発行	2012年6月15日　初版第一刷発行
発行所	株式会社グローバル教育出版
	〒101-0047 東京都千代田区内神田2-4-2
	TEL　03-3253-5944
	FAX　03-3253-5945
	http://success.waseda-ac.net
	e-mail　success15@g-ap.com
	郵便振替　00130-3-779535
編集	サクセス編集室
編集協力	株式会社 早稲田アカデミー

Success15 7月号

Next Issue

8月号は…

Special 1

苦手克服の夏

Special 2

夏休みは本を読もう!

School Express

國學院大學久我山高等学校

Focus on

東京都立西高等学校

親と子の受験勝利学

合格力を高める45のアドバイス

A5版　224ページ
定価　1,470円（税込）

好評発売中

辻　秀一 著

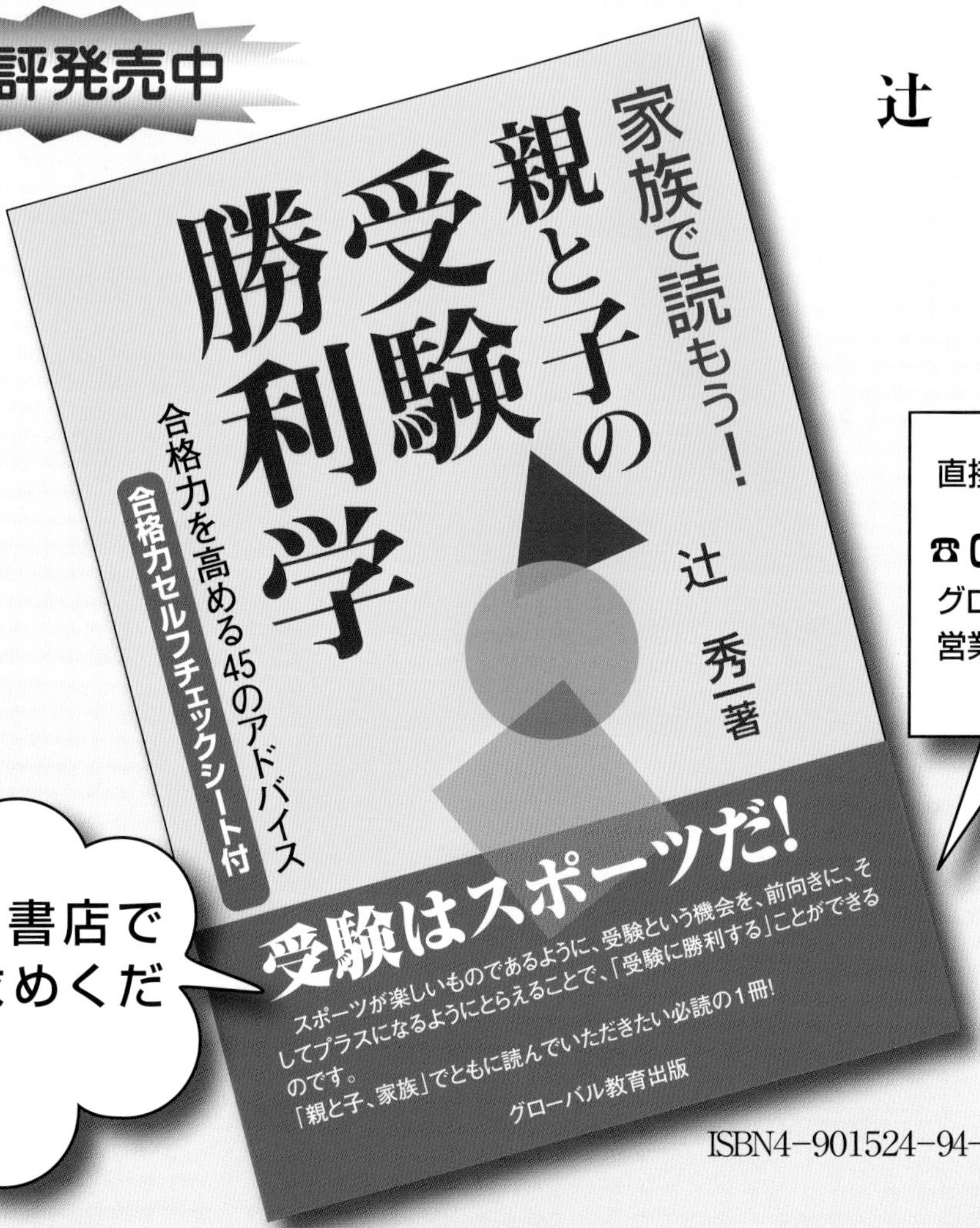

直接購入ご希望の方は
☎ 03-3253-5944
グローバル教育出版
営業部まで

全国書店でお求めください

スポーツ心理学とスポーツ医学の専門家であり、自らも中学受験を経験している著者が、「受験」における具体的ノウハウを実践的に説き明かしたこれまでにない斬新な内容です。

スポーツが楽しいものであるように、受験という機会も前向きに、そしてプラスになるようにとらえることで、「受験に勝利する」ことを著者はわかりやすく説いています。「親と子、家族」でともどもに読んでいただきたい好著です。

なお、巻末には、著者独自の「合格力セルフチェックシート」があり、現在の状況における各自の問題点とその克服法が明快にわかるようになっています。受験生とそのご家族のかたに必読の一書です。

株式会社 グローバル教育出版

〒101-0047 東京都千代田区内神田２－４－２　グローバルビル３階
TEL：03-3253-5944（代）　FAX：03-3253-5945

9784903577586

1926037008002

ISBN978-4-903577-58-6

C6037 ¥800E

定価：本体800円+税

グローバル教育出版